KB054488

Jean-Jacques Rousseau
장자크 루소
1712~1778

18세기 프랑스의 대표적인 작가이자 철학자, 음악가. 순수한 감성과 자연을 동경했고, 이성과 문명을 맹신한 계몽주의자들과 대립했다. 《학문예술론》으로 디종 아카데미의 논문 공모에 당선된 뒤, 《인간 불평등 기원론》《신엘로이즈》《사회계약론》《에밀》 등을 발표했다. 말년에는 자신을 성찰하며 《고백》《대화: 루소, 장자크를 심판하다》《고독한 산책자의 몽상》 등을 썼다.

《에밀》은 에밀이라는 가상의 제자를 루소가 교육하는 내용으로, 인간의 본성을 훼손하지 않은 채 올바른 시민을 육성하는 것이 교육의 근본적인 목적임을 설파한다. 루소가 자신의 저서들 중 가장 중요하고 최종적인 책이라고 말했던 《에밀》은 근대 이후 교육론뿐만 아니라 인간 이해에 지대한 영향을 미친 불후의 고전이다.

지은이 **문경자**

서울대학교 불어불문학과를 졸업하고 동 대학원에서 〈루소의 자서전 글쓰기와 진실의 문제〉로 박사학위를 받았다. 서울대학교에서 학생들을 가르치며 출판기획·번역네트워크 '사이에' 위원으로 활동하고 있다. 옮긴 책으로 《성의 역사 2》《혼돈을 일으키는 과학》《부르디외 사회학 입문》《우신예찬》《에밀 또는 교육론》(공역) 《고독한 산책자의 몽상》《디자인의 예술》《카라바조》《페테르 파울 루벤스》 등과 저서로 《프랑스 하나 그리고 여럿》(공저)이 있다.

클래식
브라운

06

쉽게 읽고 되새기는 고전

클래식 브라운 06

쉽게 읽고 되새기는 고전
에밀

초판 1쇄 2017년 7월 28일
초판 4쇄 2020년 7월 10일

원저자 장자크 루소
지은이 문경자
펴낸이 서정희
펴낸곳 매경출판㈜
책임편집 여인영
마케팅 신영병 이진희 김보은

매경출판㈜
등 록 2003년 4월 24일(No. 2-3759)
주 소 (04557) 서울시 중구 충무로 2(필동1가) 매일경제 별관 2층 매경출판㈜
홈페이지 www.mkbook.co.kr
전 화 02)2000-2634(기획편집) 02)2000-2645(마케팅) 02)2000-2606(구입 문의)
팩 스 02)2000-2609 **이메일** publish@mk.co.kr
인쇄·제본 ㈜M-print 031)8071-0961
ISBN 979-11-5542-700-2(04370)
ISBN 979-11-5542-354-7(SET)

JEAN-JACQUES ROUSSEAU

쉽게 읽고 되새기는 고전

에밀

장자크 루소 원저 | **문경자** 지음

생각정거장

왜 전인교육인가

> 자식을 키우고 교육시키는 일에서는
>
> 가난도, 일도, 체면도 핑계가 될 수 없고,
>
> 어느 누구도 면제될 수 없다. 《에밀》 제1권

모든 인간은 어려서는 교육의 대상이고, 성인이 되면 전문교육자이든 아니든 넓은 의미에서 교육하는 주체가 된다. 따라서 교육은 유사 이래로 인간이 사회를 이루고 사는 곳이면 어디서나 사회 근간을 이루는 매우 중요한 영역이었다. 유럽에서 오늘날과 같은 공교육 제도가 확립된 것은 18세기 이후 근대로 들어서면서부터다. 과거에는 특정 계층에 한정해 교육이 가정 중심으로 이루어졌거나 종교 기관이 교육을 주도해왔다. 그러나 1789년 프랑스혁명을 전후

하여 비종교적인 공교육의 필요성이 주창되면서 그에 따라 구체적인 교육개혁 방안이 활발히 논의되었다. 산업혁명, 계몽사상, 시민혁명을 거치면서 근대 시민 사상이 부각되었고, 개인과 국가 측면에서는 개개인의 자질 향상을 위해 국민 보통교육, 특히 보통 의무교육의 필요성이 절실해졌기 때문이다.

이런 분위기를 반영하는 저서가 바로 장자크 루소의《에밀 또는 교육론Émile ou de l'éducation》이하《에밀》이다. 이 책에는 에밀이라는 가상의 제자와 가정교사 루소가 등장하지만 근본적으로 공교육이란 곧 시민교육이며, 그것이 공동체를 유지하는 데 얼마나 중요한지를 원칙적이면서도 구체적으로 설명한다.

루소는 사회를 이루고 살게 된 인간은 자연 상태에서 살던 자연인과는 다른 본성을 가지고 살아야 한다고 생각했다. 자연은 자연 상태의 인간에게 모든 생물체에 공통된 자기 보존의 욕구, 달리 말해 생존 본능과 그 욕구를 충족시킬 힘을 부여했다. 자연인은 그 욕구가 충족되면 존재하고 있다는 느낌만으로도 만족할 수 있었다. 따라서 타인과 관계를 맺을 필요조차 느끼지 않은 채 자족적으로 살았다. 루소는 이것을 인간의 '자연적 선함'이라고 말한다.

그러나 역사는 인간이 사회를 이루고 사는 방향으로 전개되어왔다. 이제 누구도 혼자서 살아갈 수 없다. 인간은 사회 속에서 싫든 좋든 타인과 관계를 맺고 살아간다. 자기 보존의 욕구*루소는 이것을 '자기애'라고 말한다에 충실하면서 자족적으로 존재할 수 있던 자연 상태에서 다른 사람의 욕구와 부딪치며 자유를 제한받고 갈등을 겪는 사회 상태로 진입한 것이다.

이 과정에서 자기애는 자신의 욕구를 더 우월한 것으로 간주하려는 '이기심'으로 변질되었다. 이기심은 강자와 약자 사이에 주인과 노예라는 왜곡된 관계를 만들어냈다. 그 결과로 생겨난 주인과 노예의 권력투쟁은 사회 상태에서 살 수밖에 없는 인간에게 불행과 고통을 가져다주었다. 자연 상태의 강자와 약자 관계가 자연 질서에 따른 불평등에서 생긴 것이라면, 사회 상태의 주인과 노예 관계는 사적인 소유 개념에 기초한 자본 논리에서 생긴 것으로 자연의 질서를 왜곡시킨 결과다. 오늘날 우리 사회가 우려하고 있는 과도한 경쟁과 심화된 양극화 현상도 결국 이 권력 투쟁의 하나라 말할 수 있다.

루소가 《에밀》에서 모색하고자 한 것은 사회 상태에서 만들어진 사회적 불평등과 그것이 야기하는 고통을 최소화할 수 있는 방법이다. 이미 사회 상태로 진입한 인간은 자연인으로 돌아갈 수 없으며 또한 사회에서 자연인의 삶을 유지할 수도 없다. 그렇다면 사회 속에서 인간은 사회 질서를 유지하는 데 적합한 사회적 본성을 갖추어야 한다. 루소는 그 사회적 본성을 갖춘 인간을 '시민'이라고 부른다. 그리고 시민은 개인의 이기심을 개별 이익보다 공동체의 이익을 우위에 두는 도덕적 의지로 승화시켜야 한다고 생각했다.

그런데 인간은 자연인으로 태어난다. 어떻게 시민이 될 수 있을까? 불평등하고 타락한 사회 상태에서 자연적 선함을 간직한 채 살아갈 수 있도록 인간을 키워내는 것, 이것이 《에밀》의 목표다. 루소는 인간의 자연적 본능과 물리적·정신적 능력을 억누르지 않고 계발하는 과정과, 인간을 사회적 존재로서 개인의 차원을 넘어 공동체의 이익을 고려하고 도모하는 시민으로 양성하는 과정을 구분한다. 두 과정은 한 인간의 삶에서 분리될 수 없다. 그것은 인간 본성을 도덕적 의지에 통합시키는 매우 느리고도 총체적인 교육,

다시 말해 전인교육일 수밖에 없다. 《에밀》에서 루소는 에밀이라는 가상의 아이를 설정하고 그의 성장을 총체적으로 관리하고 지도하는 가정교사를 자처했다. 이를 통해 루소는 현실 조건에서 인간의 본성을 탐구하고 그것에 기초하여 시민을 양성하는 교육의 진행 과정을 보여준다.

《에밀》은 교육 이론서라기보다 인간의 신체적·지적·정신적·감정적 능력의 형성과 발전 과정을 총체적으로 보여주는 일종의 성장소설이다. 동시에 인간을 모든 측면에서 탐구하고 성찰하는 인간학이다. 루소는 언제나 자신의 경험과 내적 성찰에서 출발하여 인간 사회의 모든 문제에 접근한다. 《학문예술론Discours sur les sciences et les arts》에서 《고독한 산책자의 몽상》에 이르기까지 그의 모든 글은 주관적이면서도 구체적이고 치밀하며 통찰력 깊은 사유를 펼쳐보인다. 그렇기 때문에 《에밀》에는 우리에게 나 자신을, 또 아이를 키우고 교육하는 일에 대해 진지하게 생각해보게 하는 힘이 있다.

루소는 교육이 인간의 신성한 의무임을 강조한다. 이 말은 인간이기를 포기하지 않는 한, 자식을 키우고 교육시키는 일을 그만두어서는 안 된다는 의미일 것이다. "자식을 키우고 교육시키는 일에서는 가난도 일도 체면도 핑계가 될 수 없고, 누구도 면제될 수 없다"제1권고 루소는 말한다. 또한 교육에는 적절한 시기와 순서가 있음을 강조하며, "자연은 어린아이가 어른이 되기 전까지는 어린아이로 있기를 원한다. 만약 우리가 이 순서를 뒤바꾸려고 한다면 다 익지 않아 아무 맛도 없고 곧 썩어버릴 설익은 열매를 맺게 될 것"제1권이라고 경고한다. 이를 위해서 특히 12세까지는 지식이나 기술을 가르치지 말고 육체적, 정신적으로 자기 존재를 확인하는 교육에 집중할 것을 권유한다. 이는 자연을 체험하는 중에 가장 자연스럽게 이루어질 수 있다.

루소가 이 방식을 강력히 권고하는 것은 이것이 각자가 가진 본성을 최대한 훼손시키지 않음으로써 "인간의 본성과 무관한 악덕과 오류가 어떻게 우리 외부로부터 침범해 들어와서 눈에 보이지 않게 인간의 본성을 변화시키는지" 《대화: 루소, 장자크를 심판하다》세 번째 대화 깨닫게 할 수 있기 때문이다. 이 깨달음이 다른 사람을 존중하고 정의와 불의를 가늠하는 올바른 판단력의 바탕이 될 것이다.

《에밀》이 교육에 관한 불후의 고전이라는 사실을 부인하는 사람은 별로 없다. 그런데도 선뜻 《에밀》을 읽으려 하지 않는 것은 700쪽에 달하는 방대한 분량이 독서 의지를 꺾기 때문이다. 게다가 루소가 정작 자신의 아이들을 고아원에 버렸다는 사실도 영향을 미친다. 루소가 처음 교육론을 쓴 것은 마블리Mably가의 가정교사로 있으면서 〈생트마리를 위한 교육안Projet pour l'éducation de Monsieur de Sainte-Marie〉을 썼던 1740년이다. 그리고 하숙집 세탁부 테레즈Thérèse Levasseur를 만나 둘 사이에 태어난 첫 아이를 고아원으로 보낸 것은 1746년이다. 루소는 1758년경부터 《에밀》을 쓰기 시작한 것으로 추정된다. 이 시기들로 미루어볼 때, 아이를 키워본 적도 없이 사십 대의 루소가 이토록 진지한 교육론을 쓴 것은 성공적이지 못했던 가정교사의 경험과, 자신이 어린 시절에 받은 적절치 못했던 교육, 또한 나이가 들수록 점점 더 회한이 깊어진 아이 유기遺棄의 경험 때문이었을 것이다. 루소는 《에밀》을 집필하던 중인 1760년에 한 지인에게 보낸 편지에서 "나에게는 책을 써서 속죄해야 할 오래된 죄가 아직 있습니다"라는 말로 참담한 후회의 심경을 표현했다.

루소는 《에밀》뿐 아니라 자서전 3부작인 《고백록》, 《대화: 루소, 장자크를 심판하다》, 《고독한 산책자의 몽상》에서도 아이들을 고아원에 버린 자신의 결정을 참회하고 변명

했다. 루소가 살았던 18세기 프랑스의 사교계에서는 "외도하는 아내에게 속은 남편들, 유혹에 빠진 여인들, 떳떳하지 못한 출산이 일상적인 화젯거리였고, 고아원에 아이를 가장 많이 맡긴 사람이 갈채를 받는" 분위기였다. 루소는 "그것이 이 나라의 관습인 만큼 여기서 사는 동안에는 그것을 따르기로" 마음먹었다고 변명을 하기도 했다.《고백록》, 7권

물론 그런 관습을 별다른 반성 없이 따랐다는 것은 교육론을 쓰려고 오래전부터 계획했다는 사람에게 결코 변명이 될 수 없다. 어쨌든 루소는 인생 중반에 접어들며 자신이 스스로 추구하는 가치와 미덕에 일치하는 사람이 되지 못했다는 후회와 반성을 한 것 같다. 특히 아이들을 고아원에 버린 자책감은 매우 컸다.《신 엘로이즈》를 통해 미덕을 실천하는 행복한 부모와 자녀, 그리고 그들이 이끌어가는 이상적인 공동체를 묘사하면서 더욱 그랬다.

루소는 태어난 지 9일 만에 어머니를 잃고 10살이 되었을 때 아버지로부터 버림받았다. 그 뒤 고아로 여기저기를 떠돌며 세상과 사람들을 관찰하고 사회의 모순과 온갖 불행들을 목격했다. 루소의 독특한 사상 체계는 순전히 독학으로 이룬 것이었다. 루소는 불우한 어린 시절과 청년기를

보내고 파리라는 사회에 첫발을 들여놓았을 시기에 의도치 않게 아이를 갖게 되자 두려움을 느꼈을 것이다. 그렇게 아이를 버린 죄를 속죄해야 했기 때문에 루소는 자신의 저작 중 "최종적이고 가장 유용하며 가장 중요한 책"이라고 스스로 평가한 《에밀》을 쓸 수 있었다. 《에밀》은 "인간의 원초적 선함에 대한 논문이며, 인간 본연의 모습에 맞지 않는 악과 오류가 어떻게 외부에서 들어와 어떻게 인간의 본성을 슬그머니 변화시키는지"《대화》를 보여주는, 루소 사상의 원리를 밝히는 작품이다.

오늘날 아무리 전문성과 창의성을 강조한다 하더라도 인간 교육은 부분적이고 단편적일 수 없다. 또한 인간은 일관된 체계와 논리만으로 해명될 수 있는 존재가 아니다. 인간은 각자가 자유로우면서도 자연과 사회 나아가 세계와 연관된 총체적인 존재이기 때문이다. 교육은 한 순간도 '전인적'이지 않을 수 없다. 인간에 대해, 자기 자신에 대해, 그리고 인생과 관련해 교육이 놓쳐서는 안 될 것이 무엇인지 깊게 새겨보고 싶다면 《에밀》을 읽어보라. 루소의 글은 중층적이어서 천천히 그리고 찬찬히 읽지 않으면 그 깊이를 놓치기 쉽다.

Contents

| 일러두기 |

1. 이 책에서 참조한 원전은 《*Émile, ou De l'éducation*》Éditions Gallimard, 1969 이다.

2. 인용문의 출처가 따로 없는 경우에는 모두 《예밀》이다.

3. 인명, 지명 등의 한국어 표기는 외래어표기법에 따랐으나 전문가들 사이의 용례가 이와 현저히 다를 경우에는 예외로 했다.

4. 주는 *로 표시했다.

5. 본문에서 인용한 책의 한국어 제목은 국내 번역본을 기준으로 삼았다.

제1권

출생에서 5세까지

이 지상에서 우리의 삶은 얼마나 빠르게 지나가는가!

인생에서 처음의 4분의 1은 어떻게 인생을 활용하는지 채 알기도

전에 흘러갔고, 그 후 마지막 4분의 1 역시 인생의 즐거움을 더 이상

누리지 못하는 상태에서 지나가버린다. (중략)

인생은 짧다. 그것은 우리가 불과 얼마 되지 않는 시간밖에 살지

못하기 때문이라기보다 그 얼마 안 되는 시간 중에서도 인생을

향유할 시간을 거의 갖지 못하기 때문이다. 죽음의 순간이 탄생의

순간에서 아무리 멀리 떨어져 있다 해도, 그 사이의 기간을 잘

채우지 못했을 때 인생이란 항상 너무나 짧은 것이다. 제4권

01 모든 것은 인간의 손에 들어오면 변질된다

"모든 것은 조물주의 손에서 나올 때는 완전하나 인간의 손에 들어오면 변질되고 만다."

《에밀》을 시작하는 이 유명한 문장은 인간의 선한 본성을 확고하게 믿는 루소의 신념을 보여준다. 또 선한 본성을 왜곡하고 타락시켜 자기소외에 이르게 만드는 사회적 불평등을 비판하는 시각도 엿보게 한다. 루소의 교육 사상은 여기서 출발한다. 루소는 원죄 개념을 내세워 인간 본성이 타락했다고 말하는 그리스도교에 반대했다. 당시 명성을 떨치던 토머스 홉스Thomas Hobbes와 존 로크John Locke의 주장에도 반박했다. 홉스는 인간의 자연 상태를 '만인에 대한 만인의 투쟁 상태'로 가정하고 이것이 인간 본성에서 필연적으로 초래된다고 주장했다. 반면 로크는 생득관념태어나면서부터 내재되어 있다고 하는 관념을 부정하면서 원죄설을 폐기했지만 인간은 백지상태로 태어나므로 교육을 통해 인간으로서 갖추어야 할 덕목을 완성시켜야 한다고 주장했다.

자연 상태에서 인간이 가진 힘의 차이*여기서도 폭력성은 드러난다는 다른 생명체들과 마찬가지로 자연 질서에 따른 것이다. 반면 사회 상태에서 소유욕과 지배 욕구가 야기하는 폭력과 불평등은 인위적이고 도덕적인 악이다. 인간은 스스로를 보존하려는 자기애, 자신의 동족인 타인에 대한 동정심을 갖고 태어난 존재다. 생명체로서 자연인은 생존을 위한 욕구와 그것을 만족시킬 수 있는 능력을 가지고 있다. 자연 상태에서 그 둘은 일치한다. 이것이 루소가 말하는 인간의 자연적 선함이다. 이러한 선함이 훼손되지 않았던 자연 상태에서 인간은 자유로웠다. 인간은 욕구를 그리 많이 갖지 않고 자기를 다른 사람들과 자주 비교하지 않을 때 본질적으로 선량하게 된다. 제4권

그런데 왜 타고난 이 선한 본성이 인간의 손에 들어오면, 즉 사회 상태에서는 변질되었는가? 두 가지 이유 때문이다. 하나는 인간은 자연이 만들어놓은 그대로를 원하지 않기 때문이다. 인간은 기후와 환경, 계절을 억지로 뒤섞어서 뒤죽박죽으로 만들기를 좋아한다. 인간에 대해서도 마

찬가지여서 인간의 타고난 본성과 성향을 무시하고 기존 사회에 맞게 길들이고 변형시키려 든다. 또 다른 이유는 인간의 역사는 사회를 이루는 방향으로 진행되어왔는데, 사회를 지배하는 편견과 권위, 필요, 규범 그리고 모든 사회 제도들이 인간의 본성을 원래 상태대로 두지 않고 억압하거나 왜곡시키기 때문이다. 그렇다면 다시 자연 상태로 돌아가 자연적 선함을 회복할 수 있는가? 그것은 명백히 불가능하다.

루소는 최초로 쓴 논문 《학문예술론》에서 학문과 예술의 발달이 인간의 풍속을 타락시켰다고 주장하며 인류 문명의 발달을 비판했다. 인류 이성의 무한한 진보를 믿은 18세기 계몽주의 사상가들이 루소를 맹비난한 것은 당연했다. 18세기 유럽의 대표적 지성으로 추앙받던 볼테르Voltaire는 루소에게 보낸 편지에서 "이제껏 누구도 인간을 짐승으로 묘사하는 재주를 보인 적은 없습니다. 당신의 저작을 읽으면, 인간도 네발로 걷고 싶을 정도입니다. 그러나 나는 그 습관을 없앤 지 60년도 넘었기 때문에 유감스럽지만 다시 그 습관으로 돌아갈 수는 없을 것 같습니다"라고 조롱했다. 그러나 루소는 이러한 비판을 단호히 거부했다.

사회를 파괴하여 내 것과 네 것을 다 없애버리고 숲 속에라도 들어가 곰과 함께 살아야 할까? 이것은 내 논적들이 흔히 쓰는 논법이지만 내 사상에서 그와 같은 결론을 끌어내는 것은 수치스러운 일이다.

《인간 불평등 기원론 Discours sur l'origine et les fondements de l'inégalité》

02 사회 속에서 인간은
어디서나 사슬에 매여 있다

"인간은 자유로운 존재로 태어났으나 (사회에서는) 어디서
나 사슬에 매여 있다."

《사회계약론Du contrat social》을 시작하는 첫 문장이다. 인간
은 자연 상태로 돌아갈 수 없다. 인간의 역사는 이미 사회를
구성하는 방향으로 진행되어왔고 그것을 되돌린다는 것은
불가능하다. 인간이 해야 하고 또 할 수 있는 것은 현재의
사회 상태를 개선하는 일뿐이다. 자연 상태는 사회 상태의
심화된 불평등과 거기서 비롯된 사회악들의 원인을 파악하
고 좀 더 확고한 기초를 세우는 데 필요한 기준과 원칙을 제
공하는 가설이다.

인간에게는 본래 자연적 질서에 합치하는 자연적 선함
이 있다. 그것은 욕구와 능력이 균형을 이룬 상태를 의미한
다. 그런 상태에 있는 인간은 언제나 욕구가 충족되므로 갈

등이나 불만, 불안감을 가질 수 없다. 언제나 독립적이며 상대적 결핍감이 없다는 의미에서 강하고 자유롭다.

그런데 사회 상태에서 살아가는 인간은 언제나 능력과 욕구 사이의 불균형을 느낀다. 부와 권력을 가진 자와 그렇지 못한 자 사이의 불평등이 언제나 능력과 욕구 사이의 불균형을 초래하기 때문이다. 이 때문에 사회에서 살아가는 인간은 독립성을 상실하고 타자에게 자기 존재를 종속시킴으로써, 결국 타고난 본래 자유를 상실하고 노예 상태로 전락하게 되었다. 그 결과 인간은 자유로운 존재로 태어났으나 사회 도처에서 사슬에 매이게 된 것이다.

자연인으로서는 살아갈 수도 없고, 살아가는 것이 바람직하지도 않은 사회 상태에서 인간이 다시 독립성과 자유를 가진 사회적 인간이 되는 길은 무엇일까? 우선 자연 상태를 대체할 수 있는 훌륭한 사회제도를 구상하고 확립해야 한다. 이 일은 더 이상 자연인이 아닌 인간이 사회라는 전체와 관련하여 자신의 정체성을 인식하는 데서 출발해야 한다.

자연인은 그 자신에게 전부다. 그러므로 그는 수의 단위로 보면 1이고 절대적 전체이며 자기 자신 내지는 그의 동료하고만 관계를 맺는다. 반면 사회적 인간은 분모에 기인하는 분수의 한 단위에 불과하여 그 가치가 전체, 즉 사회 집단과의 관계 속에 있다. 훌륭한 사회제도란 인간을 자연에서 최대한 이탈시켜 그에게서 절대적 존재를 빼앗고 대신 상대적 존재를 부여하는, 그리하여 단일한 전체 속에 개인의 자아를 옮겨놓을 수 있게 하는 제도다. 그 결과 각 개인은 더 이상 자신을 단일한 하나의 개체로 생각하지 않고 단일한 전체의 일부분으로 생각하면서 전체 속에서만 자신을 느낄 수 있게 된다.

이러한 사회제도 속에서 인간은 그 제도를 완전히 이해하고 수용하여 자신을 거기에 맞추도록 양성된 사회적 인간, 곧 '시민'이 되어야 한다.

03 어른이 되어 필요한 것은
   교육에서 얻어야 한다

자연인의 독립성과 자유를 사회 상태에서는 어떻게 회복할 수 있을까? 그 가능성은 인간의 완성 가능성에 있다. 태어날 때 인간은 매우 나약하고 의존적인 존재다. 갓 태어난 인간의 자연적·물리적 조건은 열악하여, 인간만큼 오랫동안 보살핌을 받아야 독립적인 생존이 가능한 존재도 없다. 또한 정신적인 측면에서도 이성이 발달하여 판단력을 갖추기까지 오랜 시간과 훈련이 필요하다.

그런데 역설적이게도 바로 이 점에서 현재의 사회 상태를 개선할 수 있는 가능성이 생겨나며, 교육의 중요성이 도출된다. 스스로 욕구를 충족시킬 능력이 부족하다는 것은 역으로 인간이 미리 결정된 운명에 완전히 종속되어 있지 않다는 것을 의미하기 때문이다. 태어날 때부터 아무도 돌보아주지 않는다면 인간은 사회 속에서 사방으로 부딪치고 휘어져서 죽어버리거나, 살아남는다 하더라도 완전히 뒤틀린 존재가 되어버릴 것이다. 그래서 루소는 "태어날 때 갖지 못했지만 어른이 되어 필요한 모든 것을 우리는 교육에서 얻어야 한다"고 말한다.

아직 아무것도 규정되지 않은 상태에서 출발한 인간은 자신의 존재 방식을 선택하고 자기 자신을 원하는 방향으로 형성시킬 수 있다. 루소는 바로 이 '인간의 완성 가능성'에 주목했다. 사회 상태에서 살 수밖에 없는 인간을 사회에 맞게 '가공'하지 않는다면 인간의 상황은 더욱 나빠질 것이다. 다른 동물과 인간을 구분해주는 능력인 완성 가능성은 나약하지만 많은 가능성이 열려 있는 어린 시절이 없다면 발현될 수 없다. 루소는 아직 어른이 되지 못한 불완전하고 결핍된 상태로 여겨지던 어린 시절을, 완성 가능성을 위해 자연이 마련해놓은 필연적인 단계로 간주함으로써 어린 시절에 적극적인 의미를 부여했다. 《에밀》을 '어린이의 복음서'라 일컫는 이유가 여기에 있다.

당시에는 1693년에 출간된 로크의 《교육론Some thoughts concerning education》이 매우 새로운 교육 지침서로 각광을 받고 있었다. 루소도 이 저작을 상당히 의식한 듯 《에밀》의 머리

말에서 로크의 저서를 직접 언급하며, 자신의 교육론은 로크와 달리 "현행 교육에 대한 비판이나 좋은 교육의 중요성을 말하기보다 인간을 만드는 기술을 실천적으로 제시하기 위한 것"임을 강조했다.

로크는 아이의 정신을 '빈 칠판'에 비유하면서 어린아이의 주된 특성을 순응성으로 규정했다. 따라서 어린 시절 훈육은 매우 중요하므로 "아이가 복종할 수 있고 자신이 누구의 손안에 있는지 이해할 수 있게 되면 바로 아버지로서 권위를 확실히 세울 것"을 권고했다. 반면 루소는 아이들이 배울 수 있는 것은 고려하지 않고 어른들이 알아두어야 할 것들만 가르치려 한다고 당대 교육을 비판하면서 어린아이가 그 자체로 어떤 존재인지 생각해볼 것을 권유했다.

04 어린 시절은
제 나름의 자리가 있다

인생에는 자연이 마련해둔 질서가 있으며, 그 질서 속에서 어린 시절도 제 나름의 의미가 있다. 어른이 되기 전에 어린 아이로 있다는 것은 자연이 정해놓은 단지 시간적인 순서가 아니다. 그것은 우리가 어른이 되기 전에 어린아이로 있으면서 '인간됨'을 완성시킬 수 있도록 자연이 마련해놓은 법칙이다.

만약 이 순서를 뒤바꾸려고 한다면 다 익지 않아 맛이 없을 뿐 아니라 곧 썩어버릴 설익은 열매가 맺힐 것이다. 아기로 태어난다는 것은 누구나 각자 자신의 타고난 재능, 취향, 욕구, 소질, 열정, 그리고 거기에 전념할 수 있는 기회에 따라 많든 적든 발전해나갈 기회를 갖는다는 것을 의미한다. 따라서 우리는 이 법칙을 온전히 이해하고 충실히 따라야 하는데, 이것이 자연의 교육의 핵심이다.

어린아이가 태어나면서부터 다 자란 어른의 키와 힘을 지녔다고 가정해보자. 다시 말해 팔라스 아테나Pallas Athena가 주피터Jupiter의 머리에서 나온 것처럼 어머니의 배 속에서 완전무장을 한 채 나왔다고 가정해보자. 이 어른-아이는 완벽한 바보이거나 자동인형이 아니면 움직이지 못하고 감각도 거의 없는 동상에 불과할 것이다. 그는 아무것도 보지 못하고 아무 소리도 듣지 못하며 아무도 알아보지 못할 것이다. 자기 외부의 어떤 대상도 식별하지 못할 뿐 아니라, 심지어 그것을 식별하게 해줄 감각기관에 아무런 대상도 전달하지 못할 것이다. 이미 완성된 신체는 자신의 감각과 대상 사이의 관계를 전혀 알지 못하고 자신에게 육체가 있다는 사실조차 알지 못할 것이다. 단번에 형성되었기 때문에 자신의 두 발로 설 수조차 없을 것이다. 그가 균형을 잡고 두 발로 서 있는 법을 배우려면 많은 시간이 필요할 텐데, 이미 다 자란 육체가 그것을 견디고 감당하는 것은 비효율적일뿐더러 매우 위험하다.

05 교육은 자연과 사물, 인간에게서 나온다

루소는 교육과정을 아이의 발달단계에 맞추어 크게 세 가지로 나눈다. 자연의 교육, 사물의 교육, 인간의 교육이 그것이다. 우리의 능력과 기관의 내적 발달은 자연의 교육이다. 이러한 발달을 우리가 어떻게 이용할 것인지를 가르쳐주는 것이 인간의 교육이다. 그리고 우리에게 작용하는 사물들에 대한 지식을 우리 자신의 체험을 통해 얻는 것이 사물의 교육이다.

따라서 누구나 세 종류의 스승이 필요하다. 가르침도 세 종류가 될 것이다. 그것들이 아이의 내면에서 서로 모순될 경우 그는 결코 자기 자신과 조화를 이루며 완성된 인간으로 성장하지 못할 것이다. 세 스승들의 가르침이 모든 면에서 합치되고 동일한 목표를 지향하는 경우에 아이는 스스로 자신의 목적을 향해 매진하면서 모순 없이 살아갈 것이다.

자연의 교육을 주관하는 스승은 자연이며 그것은 인간의 소관이 전혀 아니다. 사물의 교육도 어느 정도만 인간이 관여할 수 있다. 인간이 뜻대로 할 수 있는 유일한 교육은 인간의 교육뿐이다. 그러나 인간의 교육 또한 단지 가정으로만 그러하다. 아이의 주변에는 부모와 스승만 있는 것이 아니기 때문이다.

이 세 가지 교육이 일치해야만 교육이 완성된다고 할 때, 그중에서도 가장 중요한 교육은 자연의 교육이다. 인간의 힘이 미칠 수 없는 자연에 의한 교육이 다른 두 교육을 이끌어가야 하기 때문이다. 이로부터 교육의 목표는 자연이 예정해둔 목적이라는 결론이 나온다.

자연은 스스로 그러하게 존재하는 것이다. 자연으로서 인간은 저마다 타고난 체질과 성향을 가진 존재다. 그것이 자연스럽게 발현되어 완성에 이르도록 돕는 것, 바로 이것이 교육의 진정한 목표가 될 것이다. 어떤 방식으로도 그 본성을 억누르거나 구속해서는 안 된다. 이는 아이가 태어나는 순간부터 적용되어야 할 원칙이다. 이로부터 루소의 다음과 같은 구체적인 지침이 나온다.

어린아이가 자신을 감싸고 있던 모태에서 빠져나와 첫 호흡을 하는 순간에 그를 계속 갑갑하게 할 또 다른 싸개로 싸매지 말라. 모자를 씌우거나 띠를 두르지도 말고 배내옷을 입히지도 말라. 헐렁헐렁하고 큼직한 기저귀를 채워 사지를 자유롭게 움직일 수 있게 하고, 아기의 움직임을 불편하게 할 정도로 무겁거나 공기의 작용을 못 느끼게 할 정도로 덥지 않게 해주어야 한다. 그리고 아이가 편안하고 위험 없이 움직일 수 있도록 아주 푹신푹신하고 큰 요람에 아이를 누여두어라. 아이가 튼튼해지기 시작하면 방을 이리저리 기어 다니게 내버려두고 작은 사지를 펴고 뻗칠 수 있게 해주어라. 그렇게 하면 여러분은 아이들이 나날이 튼튼해지는 것을 볼 수 있을 것이다. 제1권

자연의 교육은 우리의 능력과 기관의 내부적인 발육이다. 따라서 가르침이 아니라 체험이다. 아이가 어머니를 알아보는 순간 아이는 이미 많은 것을 체험하고 그것을 통해 많은 것을 습득한다. 교육을 받지 못하고 태어나서 현재까지 살아온 사람의 발달 과정을 살펴보면 그가 어떤 방식으로든 엄청난 지식을 갖게 되었음을 알 수 있다. 인간의 지식

을 모든 인간에게 공통된 것과 학자들에게 한정된 특수한 것으로 나눈다면, 후자는 전자에 비해 양이 아주 적을 것이다. 인간이라면 누구나 습득할 수 있는 지식은 대부분이 자연의 교육의 결과다. 그런데도 우리는 그것에 대해 거의 생각하지 않고 지식의 차별성만 주목한다. 차별성의 추구는 사람들의 평판에 집착한 결과로서 자기를 과시하기 위한 것이다. 이처럼 많은 욕구를 갖고 남의 평판에 지나치게 집착할 때 인간은 본질적으로 사악해진다. 따라서 사회 상태 속에서 이루어지는 인간의 교육은 실패하기 쉽다.

06 인간은 백지상태로 태어나지 않는다

아이의 몸에 자연적인 습관을 남겨두어라. 또 언제나 스스로 자신을 다스릴 수 있게 하라. 의지를 가지면 매사에 그의지대로 행동할 수 있게 함으로써, 일찍부터 자신의 자유를 지배하고 자신의 힘을 마음껏 활용할 수 있게 준비해주어야 한다. 자유롭게 자연스러운 습관을 가지게만 된다면, 이후 어떤 악습이나 환경에 의해 본성이 왜곡되더라도 자기 자신을 되돌아보고 본래 모습을 되찾을 수 있다.

우리는 치유될 수 있는 병을 앓고 있다. 만약 병을 고치려 한다면 선량하게 태어난 우리는 자연에서 도움을 받을 수 있을 것이다.

루키우스 안나이우스 세네카Lucius Annaeus Seneca, 《화에 대하여De Ira》, II권 13장
* 루소는 《에밀》 첫머리에서 이 말을 인용했다.

어린아이가 가지도록 내버려두어야 할 유일한 습관은 인위적이고 강제적인 어떤 습관도 갖지 않는 것이다. 자연에 따른 교육은 인간의 본성을 알고 그것을 완성시키는 일이다. 인간의 자연은 곧 자신의 본성이다. 루소는 본성이 습관에 불과하다는 일반적인 견해를 반박한다. 강제로 어떤 습관이 든다 해도 그 습관이 결코 타고난 본성을 말살할 수 없다고 생각했기 때문이다. 수직으로 뻗어나가려는 힘을 제지당한 식물이 당장은 강압적으로 구부려놓은 방향을 그대로 유지하지만 계속해서 성장할 경우 다시 수직으로 뻗어나가듯이 인간의 성향도 그러하다.

인간은 환경에 적응하는 능력이 뛰어나다. 따라서 동일한 상태에 머물러 있는 동안은 거기에 적응하는 과정에서 일정한 습관을 가지게 된다. 이 과정에서 자연스럽지 못한 성향들이 생겨날 수도 있다. 그러나 상황이 바뀌면 곧 그러한 습성도 바뀌면서 자연스러운 본성이 되살아나기 마련이다. 루소는 이 본성에 부합하는 습성들만 인간의 자연적 본성에 포함시킨다. 인간은 백지상태가 아니라 타고난 자기본성에 따라 성장해야 하는 각자 나름의 성향들을 가진 존재다. 그 본성에 부합하는 습성을 키워주는 것이 바로 자연의 교육이다. 이 단계에서 중요한 것은 자연의 순조로운 발달에 방해가 되는 것들을 막아주는 데 전념하는 소극적 교육이다.

인간은 감각 능력을 지니고 태어났으며, 태어나면서부터 다양한 방식으로 주변 사물들에서 영향을 받는다. 자신의 감각을 의식하는 순간부터 인간은 그 감각을 촉발한 대상을 추구하거나 회피하게 된다. 처음에는 그 감각이 유쾌한지 불쾌한지에 따라서, 다음에는 자신과 대상들 사이의 관계가 적합한지 부적합한지에 따라서, 마지막으로 이성이 부여하는 행복이나 완전성 관념에 근거하여 대상에 대해 내리는 판단에 따라서 그렇게 한다. 감수성이 더욱 민감해지고 지식이 늘어남에 따라 그 범위는 점점 더 확장되고 그에 따라 성향이 확고해진다.

습관과 밀접하게 연관되어 있는 이 성향들을 변질시키는 것은 사회에서 인간이 갖게 되는 견해들이다. 변질되기 전의 성향들을 루소는 우리의 본성이라고 부른다. 이러한 본성이 훼손되지 않도록 특히 초기 교육은 완전히 소극적이어야 한다.

07 아이의 본성은
부모만이 보존해줄 수 있다

어린아이가 본래 성향을 간직하기를 원한다면 그가 세상에 태어난 순간부터 그것을 보존해주어야 한다. 그렇게 할 수 있는 사람은 부모뿐이다. 루소의 이 말은 교육에서 부모의 역할이 얼마나 중요한지를 알려준다.

인간의 교육은 태어나면서부터 시작된다. 아이의 교육은 말하기 전에, 또 말을 알아듣기 전에 이미 시작된다. 따라서 태어나자마자 아이를 붙잡아 성인이 될 때까지 놓아주지 말아야 한다. 그렇지 않으면 결코 교육에 성공할 수 없다. 다른 어떤 사람도 부모만큼 아이의 교육에 적합한 사람은 없다. 루소가 사람은 일생 동안 한 번밖에 교육할 수 없다고 말하는 것은 이 때문이다.

세상에서 가장 능숙한 교사보다 지적 능력은 부족하더라도 분별력 있는 아버지에게서 교육을 받는 것이 더 낫다. 왜냐하면 재능이 열정을 보완하는 것보다 열정이 재능을 더 잘 보완할 수 있기 때문이다. 제1권

교사여! 너무도 숭고한 영혼이여! 진실로 한 인간을 만들어내기 위해서는 아버지가 돼라. 아니면 스스로 인간 이상이 되어야 한다. 여러분이 태연히 돈으로 고용한 사람들에게 맡기고 있는 직무가 바로 이와 같은 일이다. 제1권

　부모는 교육 방식뿐 아니라 임무 순서에서도 서로 의견이 일치해야 하며, 어린아이는 어머니의 손에서 아버지의 손으로 넘겨져야 한다. 교육을 의미하는 프랑스어 'éducation'은 고대에는 '수유'를 의미했다. 교육의 첫걸음을 떼는 사람은 어머니다. 어머니가 없으면 자식도 없다. 모자간의 의무는 상호적이다. 한쪽이 그 의무를 제대로 수행하지 못하면 다른 한쪽도 그것을 게을리하게 된다. 어린아이는 어머니를 사랑해야 한다는 것을 머리로 알기 전에 어머니를 사랑해야 한다. 혈연의 목소리는 습관과 보살핌으로

강화되지 않으면 처음 몇 년 안에 없어져버리고 만다. 다시 말해 애정이 생기기도 전에 죽어버리는 것이다. 이것이 자연을 이탈하는 첫걸음이다.

반대로 어머니가 너무 과도하게 아이를 보살피는 경우에도 자연에서 이탈하게 된다. 아이를 자신의 우상으로 삼고 아이가 스스로 약하다는 사실을 느끼지 못하게 하는 것은 아이의 나약함을 부추기는 일이다. 아이가 겪을 수도 있는 모든 고통을 차단시켜서 아이가 겪을 몇 가지 불편함을 잠시 덜어주는 것은 앞으로 아이에게 닥칠 사고와 위험을 더 크게 만드는 일이다. 이것은 어른이 될 때까지 유년기의 나약함을 연장시킬 뿐이기 때문이다. 정말 어리석은 조치다.

부모가 바쁘다는 핑계로 교육을 책임지지 않고 아이를 집에서 멀리 떨어진 기숙사나 학교로 보낼 경우, 아이는 가정에 대한 애정을 다른 곳에 쏟거나 그 무엇에도 애착을 보이지 않는 태도를 갖게 될 것이다. 가정의 화목을 인생의 즐거움으로 갖지 못한 채 어린 시절을 보낸 아이가 그것을 보완하기 위해 나쁜 풍속에 물드는 것을 주변에서 종종 목격할 수 있다. 이것은 단지 가난만의 문제가 아니다. 여러 가지 이유로 아이의 양육과 교육에 다른 사람의 도움을 받는 경우라도 부모는 반드시 아이의 상태가 어떠한지 주의 깊게 관찰하여 알고 있어야 한다.

교육에는 실패가 있어서는 안 된다. 교육의 실패는 곧 한 인간의 삶의 실패가 되기 때문이다. 인간답게 키우는 것, 그것이 교육자의 첫 번째 의무다. 신분이나 나이를 불문하고 모든 인간에 대해 그리고 인간과 무관하지 않은 모든 것에서 인간다워지도록 하라. 감히 한 사람의 교육을 맡은 사람은 그것을 시도하기 전에 자신이 먼저 인간이 되어야 한다는 것을 명심해야 한다. 교육자가 되려면 무엇보다 자기 자신을 다스릴 줄 알아야 한다. 그리고 자신이 구상하고 있는 본보기를 자기 안에서 찾아낼 수 있어야 한다. 교육은 단 한 순간도 방심하거나 경솔한 행동을 해서는 안 되는, 정말로 힘겹고 어려운 일임을 인정하고 받아들여야 한다. 교육은 수단이 아니다. 교육자가 자신의 마음도 함께 열지 않는다면 금고 문을 연다한들 소용이 없을 것이다. 그가 주어야 할 것은 자신의 시간과 정성, 애정, 그리고 그 자신이다.

물론《에밀》에서 교육을 맡은 사람은 에밀의 아버지가 아니라 가정교사다. 아이의 교육에 가장 적합한 사람은 부모라고 말하면서 가정교사가 에밀을 전적으로 교육시키는 설정은 모순된다*여기에는 아버지로부터 버림받은 루소 자신의 경험이 영향을 미쳤을 것으로 추정된다. 이 때문에 루소는 에밀을 고아로 가정한다. 고아가 아니더라도 가정교사인 루소는 에밀의 부모로부터 에밀의 양육에 관해 전권을 부여받았다고 말한다.

실제로 교육과정에서 에밀의 아버지는 거의 등장하지 않으며 가정교사 루소가 부모를 완전히 대체하고 있다. 그러면서 루소는 에밀의 가정교사와 같은 교육자가 아이의 교육을 전담한다면 부모의 맹목적인 애정이 아이에게 미칠 수 있는 부정적인 영향을 차단할 수 있다는 점 또한 언급한다. 교육은 그만큼 엄중한 것이다.

08 인간 생애 첫 시기에는
자연이 아이들을 훈련시킨다

인간이 자기를 보존하려는 배려는 그 자체가 고통과 결부되어 있다. 인생의 어느 시기에나 고통을 겪는 것은 인간의 운명이다. 그것이 비교적 신체 고통에 한정되는 유년기에 그러한 고통을 겪고 이겨낼 수 있다는 것은 다행스러운 일이다.

자연은 온갖 종류의 시련을 통해 아이의 체질을 단련시키고 일찍부터 아픔과 고통이 무엇인지를 가르쳐준다. 생의 최초 시기에 아이가 치르는 병치레는 아이가 강한 체력을 얻어 생명의 근원을 더욱 확고하게 다지게 하려는 자연의 배려다. 그것을 인위적으로 고치려 드는 것은 자연의 법칙을 거역하고 자연이 마련해둔 효과를 방해하는 일이다. 그러니 언제나 자연을 충실하게 관찰하여 자연이 제시해주는 길을 따르라.

자연은 먼저 아이의 감각을 통해 교육을 시작한다. 아이는 모든 것을 손으로 만져보고 다루어보려 조바심을 낸다. 그런 조바심을 방해해서는 안 된다. 이 조바심이 아이에게 꼭 필요한 학습을 제시해주기 때문이다.

기억과 상상력이 아직 활성화되지 않아서 아이는 실제로 자신의 감각에 영향을 미치는 것에만 주의를 기울인다. 감각이 아이의 인식의 첫 번째 재료인 것이다. 적절한 순서에 따라 아이에게 감각들을 제공하는 것은 아이의 기억력이 언젠가 같은 순서로 아이의 오성에 그 재료들을 제공하도록 준비시키는 일이 된다.

하지만 어린아이는 자신의 감각에만 주의를 집중하므로, 처음에는 아이에게 이 감각들과 그것을 야기한 사물들의 관계를 분명하게 보여주는 것만으로 충분하다. 이처럼 신체 운동을 통해서만 인간은 자신 이외에 사물들이 있음을 배우고 넓이의 개념을 얻게 된다.

아이가 내는 최초의 소리인 울음소리와 칭얼거림은 인간의 최초 상태가 결핍과 나약함으로 특징지어진다는 사실을 입증한다. 어린아이는 욕구를 느끼지만 그것을 스스로 충족시킬 수 없어 울음소리로 타자의 도움을 요청하는 것이다. 울음에서 아이가 그를 둘러싼 모든 것들과 맺는 첫 번째 관계가 생겨나며, 여기서 사회 질서를 이루는 긴 쇠사슬의 첫 번째 고리가 만들어진다.

09 인간은 정의와 불의의 감정을
타고난다

아이가 울 때는 불편함을 느끼거나 만족시킬 수 없는 어떤 욕구가 있는 경우다. 아이의 욕구가 무엇인지 찾아내지 못해 그것을 충족시켜줄 수 없을 때 아이는 계속 울어대며 돌보는 사람을 귀찮게 한다. 아이의 울음을 그치게 하기 위해 아이를 달래고 어르고를 반복하다가 마침내 화가 난 어른은 참지 못하고 아이를 윽박지르거나 체벌을 가하기도 한다. 이와 관련하여 루소는 자신이 목격한 일화를 예로 들어 인간에게 정의와 불의의 감정이 선천적이라고 확신하게 된 과정을 소개한다.

맞은 아기는 즉시 울음을 그쳤다. 나는 아이가 겁을 먹었
고 그래서 그 아이가 엄격하게 다루지 않으면 아무 일도
할 수 없는 비굴한 정신을 가지게 되겠다고 생각했다. 그

런데 나는 이어서 나타나는 아기의 반응을 보고 생각을 바꾸었다. 그 아이는 숨이 넘어갈 정도로 화가 나 숨을 못 쉬고 있었던 것이다. 잠시 후 더욱 날카로운 울음소리가 터져 나왔다. 그 나이에 가질 수 있는 원망과 분노와 절망의 모든 표시들이 그 어조에서 느껴졌다. 나는 그 아이의 감정을 상하게 하려는 명백한 의도로 가해진 매질이 우연히 손등에 떨어진 뜨거운 불씨보다 강도는 약하지만 더 큰 고통을 그에게 주었다고 확신한다.제1권

아이에게는 공기나 계절이 해를 끼치는 것보다 아이를 성가시게 하거나 화나게 하는 어른들이 훨씬 더 위험하고 치명적이다. 아이가 사물에서만 저항을 느끼고 사람에게서 의도적인 저항을 받지 않는다면, 그는 결코 성마르거나 반항적인 아이가 되지 않을 뿐 아니라 언제나 건강을 잘 유지할 수 있을 것이다.

10 아이의 울음에
제대로 대처하라

그렇기 때문에 루소는 아이의 울음에 주목한다. 아이의 울음이 곧 명령이 되지 않게 하려면 울음을 제대로 경계해야 한다는 것이다.

아이에게 복종하는 것과 그의 뜻을 꺾지 않는 것은 전혀 다른 일이다. 아이의 첫 울음은 간청이다. 아이의 울음은 언제나 부모를 당황하게 한다. 울음이 지속되면 부모의 신경이 날카로워지기 마련이지만 그때 아이의 울음을 잘 경계하지 않으면 그 울음은 곧 명령이 된다. 아이를 폭군으로 만드느냐 온순하고 평온한 아이로 만드느냐 하는 것은 아이의 울음에 어떻게 대처하느냐에 달려 있다. 처음에 아이는 보살핌을 받으려고 울기 시작하지만, 그 대처에 따라 결국엔 부모에게 자신의 시중을 들도록 명령하는 폭군이 될 수도 있기 때문이다.

루소의 구체적인 지침을 보자. 가령, 아이가 아무 말 없이 손을 내밀 때는 아직 거리를 가늠할 수 없기 때문에 물건을 잡을 수 있다고 생각하는 것이다. 하지만 손을 내밀면서 칭얼거리고 울 때는 더 이상 거리를 가늠하지 못해서가 아니라 물건에게 다가오라고 명령하거나 그것을 가져다 달라고 명령하는 것이다. 첫 번째 경우라면 아이를 천천히 물건 쪽으로 데리고 가는 것이 좋다. 두 번째 경우라면 그저 못 들은 척한다. 아이는 어른의 주인이 아니고 또 사물은 아이의 말을 알아듣지 못하므로 일찍부터 어른이나 사물에 명령하는 버릇을 들이지 않는 게 좋다.

아이가 물건을 보고 누군가가 자신에게 그것을 가져다주기를 원한다면 물건을 아이에게 가져다주는 것보다 차라리 아이를 물건 쪽으로 데리고 가는 편이 낫다. 아이는 이 경험에서 자기 나이에 맞는 결론을 끌어낼 것이다. 그 결론을 아이에게 암시해줄 다른 방법은 없다.

아이는 처음에는 약하기 때문에 의존적이지만 이어서 그 때문에 자신을 보살펴주는 사람을 마음대로 좌지우지하려는 권력과 지배의 개념을 갖게 된다. 하지만 이런 개념은 아이의 욕구보다 어른의 시중 때문에 생겨나는 것이므로,

여기서 자연이 직접적인 원인이 아닌 정신적 결과가 드러나기 시작한다. 다시 말해 사회적 관계에 반응함으로써 타고난 본성에는 없던 권력과 지배 개념이 생겨나는 것이다.

이런 부작용을 막으려면 초기부터 울음이나 몸짓을 유발하는 아이의 의도를 간파하는 것이 중요하다. 아이의 심술을 그의 악의로 생각하는 것은 원인과 결과를 뒤바꾸어 이해하는 것이다. 모든 악의는 나약함에서 비롯된다. 아이가 악한 것은 단지 약하기 때문이다. 따라서 아이를 강하게 만들어주면 그는 선량해질 것이다. 다시 말해 스스로 자신이 원하는 욕구를 채울 수 있도록 그의 기관과 체질과 능력을 발달시킨다면 아이는 제 뜻대로 남을 다루려는 나쁜 습관을 갖지 않게 된다. 모든 것을 할 수 있는 능력이 있는 사람은 결코 악을 행하지 않는다. 신이 그렇듯이.

11　아이는 선악 개념 없이
　　선과 악을 행한다

아이는 눈에 띄는 모든 것을 흩뜨리고 싶어 한다. 또한 손에 잡히는 모든 것을 부수고 깨뜨린다. 돌멩이를 움켜쥐듯이 새를 움켜쥐고선 자신이 무슨 짓을 하고 있는지도 모르는 채 그 새를 질식시켜 죽이기도 한다.

　철학은 고대부터 그 이유를 인간이 지닌 자만심, 지배욕, 이기심, 악의와 같은 자연적인 악덕 때문이라고 설명해왔다. 인간의 정념이나 욕구를 단죄해온 오랜 철학 전통에서 나온 말이다. 나약한 아이가 폭력적인 행동을 통해 자신의 힘을 확인하고 싶은 열망을 갖는다고도 말한다.

　그러나 인생의 순환에 의해 다시 약해진 노쇠한 노인과 비교해보면 아이의 거친 행동의 원인이 다른 데 있음을 알 수 있다. 노인은 대체로 조용히 있으며 또한 자기 주변의 모든 것도 가만히 있기를 원한다. 루소는 둘 다 약하지만 아이와 노인이 이렇게 다른 양상을 보이는 원인을 아이와 노인의 육체적 상태에서 찾는다. 둘이 가진 동일한 정도의 활동력이 한쪽에서는 발전하고 있고 다른 한쪽에서는 소멸되고 있는 것이다.

아이는 생명을 향해 나아가고 노인은 죽음을 향해 나아가고 있다. 사라져가는 활력이 노인의 경우 마음에 집중된다면, 어린아이의 마음속에서는 활력이 넘쳐 밖으로 뻗어나가려 한다. 말하자면 아이는 주변의 모든 것에 생기를 불어넣을 수 있는 충분한 생명력을 가지고 있다. 따라서 아이에게는 무엇을 만드느냐 아니면 파괴하느냐가 중요하지 않다. 아이는 사물의 상태를 변화시키려 할 뿐이다. 정지되어 있지 않는 모든 변화는 활동이다. 만약 아이가 파괴하려는 성향을 더 많이 가진 듯이 보이더라도 그것은 악의 때문이 아니다. 아직 인내심이 부족한 아이가 무엇인가를 만드는 느린 활동보다 속도가 더 빠른 파괴 활동을 택하는 것일 뿐이다.

우리로 하여금 선을 사랑하고 악을 미워하게 만드는 양심은 이성과는 별개의 것이지만 이성 없이는 계발될 수 없다. 때로 자신과 관련된 아이의 행동에서 그런 느낌을 받는다 하더라도 아이의 행동에는 도덕성이 없다. 따라서 섣부르게 아이에게 이성에 근거한 판단을 요구하거나 그의 의도를 선악으로 규정해서는 안 된다. 이성만이 우리에게 선과 악을 인식하는 법을 가르쳐준다. 아이의 이성이 계발되어 선악을 구분하고 양심에 따라 선을 선택하고 실천할 수 있을 때까지 기다려야 한다.

12　아이가 욕구를 자기 능력에 맞추어 조정할 줄 알게 하라

이 시기의 아이에게는 감정도 관념도 없고 감각이 있을 뿐이다. 따라서 신체와 감각의 훈련에 집중하여 자신의 능력에 욕구를 맞출 줄 알게 만드는 것이 가장 중요하다.

아이가 무엇보다 가장 먼저 학습해야 할 것은 자신의 감각과 신체 기관이다. 아이의 감각과 신체는 그 자체가 자연 현상이다. 바로 이 자연의 세계가 이 시기에는 유일한 교재다. 자연에는 자연의 질서, 자연의 법칙이 있다. 관찰과 체험을 통해 그것을 학습하는 것이 곧 자기 존재를 의식하는 첫걸음이 된다. 루소가 이 시기의 교육을 자연의 교육이라고 말하는 이유가 여기에 있다. 루소는 자연의 교육을 위해 다음과 같은 법칙을 제시한다.

첫 번째 법칙, 아이는 자연이 그에게 요구하는 것을 다할 수 있는 충분한 힘이 없다. 그러므로 자연이 그에게 부여한 힘을 다 사용하도록 내버려두어도 그 힘을 남용하지 못한다.

두 번째 법칙, 아이는 보살피고 도와주어야 한다. 그리고 지능의 측면에서든 힘의 측면에서든 물리적 욕구에 속하는 모든 것에서 그에게 부족한 것을 보충해주어야 한다.

세 번째 법칙, 아이에게 도움을 줄 때는 변덕이나 근거 없는 욕망은 철저히 배제하고 오로지 실제로 유용한 것에만 국한해야 한다. 변덕은 자연적 본성에 속하는 것이 아니라 주변 사람들의 반응에 의해 유발되기 때문이다.

네 번째 법칙, 아이는 아직 무엇을 숨길 줄 모른다. 자연스러운 욕망과 남의 평판에서 비롯된 욕망을 구분하려면 아이의 언어와 몸짓을 세심하게 관찰하고 연구해야 한다.

이 법칙들의 취지는 아이에게 더 많은 자유를 부여하면서 남을 지배하려는 성향은 덜 유발시키려는 것이다. 아이가 스스로 더 많은 일을 하고 다른 사람에게 요구하는 것을 줄인다면, 아이는 일찍부터 자신의 욕구를 자신의 능력에 맞추어 제한하는 데 익숙해질 것이다. 그리고 자신의 능력을 벗어나는 것에 그다지 결핍감을 느끼지 않게 될 것이다.

13 습관적으로 울 때는
   아이의 주의를 딴 데로 돌려주라

아이의 우는 습관과 변덕을 고칠 수 있는 유일한 방법은 관심을 기울이지 않는 것이다. 아프지도 않고 묶여 있지도 않고 아무것도 부족하지 않은데도 아이가 오래 우는 것은 단지 습관과 고집일 뿐이다. 아이의 우는 습관은 자연이 그렇게 만들어놓은 것이 아니라, 아이의 성가신 울음을 견디지 못해서 오히려 그 성가심을 배가시키게 만든 부모 탓이다. 부모는 오늘 아이가 원하는 것을 주어 그의 울음을 진정시킨 것이 내일 그 이상으로 아이를 울게 만들 것이라고는 생각하지도 못한다. 울음이 아이가 부모를 다루는 수단이 되어버리는 것이다. 그런 습관을 고치거나 예방하는 유일한 방법은 아이의 울음에 관심을 기울이지 않는 것이다.

아이는 끈질기게 자신이 시도하는 일을 하려 든다. 하지만 고집스러운 아이보다 어른이 더 끈기를 가진다면 아이는 뒤로 물러나 더 이상 같은 짓을 되풀이하지 않을 것이다. 아이라 해도 헛수고는 하고 싶어 하지 않기 때문이다. 이렇게 하면 아이의 끈질기게 우는 습관을 고치고, 고통 때문에 어쩔 수 없을 때에만 눈물을 흘리게 할 수 있다.

그런데 아이가 변덕이나 고집을 부리려고 올 때, 아이의 울음을 그치게 할 수 있는 더 확실한 방법은 울고 싶은 기분을 잊게 할 유쾌하고 인상적인 어떤 것을 보여주어 아이의 주의를 딴 데로 돌리는 것이다. 그런데 온갖 종류의 값비싼 치장과 장난감들, 몸에도 해롭고 아무 쓸모도 없는 장치들은 금방 싫증이 나기 마련이어서 별로 유용하지 못하다. 아이에 대해서조차 진솔하지 못하고 꾸며대려는 어른의 허영심이다.

화려하지만 조잡한 이런 물건들보다 자연에 널려 있는 온갖 사물들이 아이의 감각을 더 자극하고 충분히 즐겁게 해줄 수 있다. 그것들은 아이들이 태어나면서부터 사치에 익숙해지는 불행한 일도 없애줄 것이다.

14 아이가 스스로 말할 때까지 기다려라

아이는 제 나이에 맞는 문법을 가지고 있으며 거기에는 어른들의 것보다 더 보편적인 규칙들이 있다. 아이의 말을 주의 깊게 들어보면 그가 정확하게 나름의 유추를 따르고 있음을 알 수 있다. 이 유추는 불완전하다고 할 수는 있겠지만 그럼에도 매우 규칙적이다. 다만 이것이 낯설기 때문에 또는 관습이 이를 용인하지 못하기 때문에 거슬릴 뿐이다.

아이의 말에서 관습에 어긋나는 사소한 실수들을 고치려 애쓰는 것은 지나친 배려로서 적절하지 못하다. 그런 실수는 시간이 가면 아이 스스로 고치기 마련이다. 그것을 지적하기보다는 어른이 아이 앞에서 언제나 정확하게 말하는 것이 필요하다. 그리고 아이가 어른과 말하는 것을 즐거워하게 만들어라. 나무라고 수정하려 들지 않아도 아이의 언어가 어른의 언어를 본받아 자신도 모르는 사이에 서서히

순화될 것이라고 확신해도 좋다.

　반드시 피해야 할 또 다른 중대한 오류는 아이가 스스로 말을 배우지 못할까 봐 걱정이라도 하듯 지나치게 서둘러 아이에게 말을 시키는 것이다. 이 조바심은 목표하는 것과 정반대 결과를 낳을 것이다. 아이가 하는 말 하나하나에 극도로 신경을 쓰고 실수를 교정하려 하면 아이는 제대로 발음하지 않아도 된다는 생각을 하게 된다. 정확히 발음하지 않아도 어른이 알아듣기 때문에 아이는 입을 조금만 움직여 말을 하려 들 것이다. 그런 아이들 중 일부는 평생 잘못된 발음과 알아듣지 못할 불분명한 말투를 가지게 된다.

　이는 시골에서 자라는 아이와 도시에서 자라는 아이의 언어 발달 상태를 비교해보면 확인할 수 있다. 부모가 아이 곁에 있지 않고 들판에서 일을 해야 하는 시골에서는 아이가 부모에게 전달해야 할 말을 아주 분명하고 크게 말하는 법을 배울 수밖에 없다. 아이는 넓은 들판에서 부모와 다른 아이들이 멀리 떨어져서도 자기 말을 들을 수 있게 하기 위해 거리에 맞추어 목소리 강도를 조절하게 된다. 이를 통해 아이는 또박또박 정확하게 발음하는 훈련을 하는 것이다. 잔뜩 주의를 기울이는 어머니의 귀에다 몇 마디 모음을 중

얼거리듯 발음하는 도시의 아이와는 사정이 전혀 다르다.

도시에서는 아이가 학교교육을 통해 이런 결점을 어느 정도 고치겠지만, 시골 아이들만큼 분명하게 발음하기는 어렵다. 왜냐하면 그들은 많은 것을 암기하고 또 배운 것을 소리 높여 암송해야 하므로 우물쭈물 아무렇게나 불분명하게 발음하는 습관을 갖기 쉽기 때문이다. 기억이 잘 나지 않으면 더듬거리거나 음절을 늘여서 질질 끄는 습관도 갖게된다. 어조와 단어들의 잘못된 사용을 끊임없이 지적받으면서 갖게 된 나쁜 발음 습관들은 결코 고쳐지지 않는다.

만약 아이가 더듬거리기 시작한다면 그가 말하는 것을 짐작하여 대신 말해주지 말라. 언제나 남이 자기 말을 듣고 있기를 요구하는 것 또한 일종의 지배 욕구다. 또한 아이에게 말하라고 서둘러 요구해서도 안 된다. 말의 유용성을 깨달으면 아이는 스스로 제대로 말하는 법을 알게 될 것이다.

아이가 혼자 말하는 대로 내버려두라. 그러면 아이는 먼저 발음하기 가장 쉬운 음절들부터 연습하고, 차츰차츰 자신의 몸짓을 보면 이해할 수 있는 어떤 의미들을 말에 덧붙이면서, 어른의 말을 받아들이기 전에 먼저 자신의 말을 어른에게 전달하고자 할 것이다. 이런 과정을 거치면서 아이는 어른이 하는 말도 이해한 뒤에야 받아들이는 습관을 가지게 될 것이다. 말을 사용하도록 재촉받지 않기 때문에 아이는 먼저 어른이 그 말에 어떤 의미를 부여하는지 잘 관찰하고 그것을 확인한 뒤에야 그 말들을 받아들일 것이기 때문이다.

때가 되기 전에 아이에게 서둘러 말을 시킬 때 생기는 가장 큰 해악은 알아차리지 못하는 사이에 아이가 어른이 어휘에 부여하는 의미와 다른 개념을 갖게 된다는 사실이다. 같은 어휘를 사용하며 어른에게 정확하게 대답하는 것처럼 보이지만, 사실 아이는 어른의 말을 알아듣지도 못하고 어른 또한 아이의 말을 이해하지 못한 채 서로 말을 주고받게 된다. 때로는 아이가 자신에게 전혀 없는 개념을 어른의 말과 연관시키는 일도 발생한다. 이것이 아이가 저지르는 최초 실수의 원인일 수 있다. 루소는 이 실수들이 자라면서 고쳐질 수 있지만, 그 뒤에도 남은 생애 동안 그의 사고방식에 영향을 미칠 수 있다고 경고한다.

따라서 아이가 쓰는 어휘를 최대한 제한하라. 가지고 있는 관념보다 어휘가 더 많거나, 생각할 수 있는 것보다 더 많은 말을 할 줄 안다는 것은 매우 큰 불행이다.

15 결국 배워야 할 학문은
인간의 의무에 대한 학문이다

사람은 누구나 각자 제 위치가 정해져 있는 사회 질서 속에서 자기 지위에 맞는 교육을 받게 되어 있다. 신분제가 폐지되고 공교육 체제가 확립된 오늘날과는 달리 루소가 살았던 18세기는 아직 불평등이 법적으로 보장된 신분제 사회였다. 그럼에도 루소는 "자연의 질서 속에서 인간은 모두 평등하다. 따라서 모든 인간에게 공통으로 주어진 소명은 인간이라는 신분이다"라고 생각했다. 그리고 "자기 지위에 맞는 교육을 받은 개인은 그곳을 벗어나게 되면, 더 이상 아무 데도 쓸모없는 자가 되어버릴 것"이므로 인간이라면 누구나 배워야 할 유일한 학문은 인간의 의무에 대한 학문이라고 강조했다.

모든 인간에게 공통된 소명인 인간이라는 신분에 맞게 교육을 받은 사람이라면 누구든지 인간과 관련이 있는 모든 직분을 제대로 완수하지 못할 리가 없다. 자연은 인간에게 인간으로서 삶을 살 것을 요구하므로, 교육의 목표는 그렇게 사는 법을 가르치는 것이다. 아이에게 가르쳐야 할 학문은 단 하나, 인간의 의무에 대한 학문이다. 그리고 이 학문은 하나이며 분할되지 않는다.제1권

인생을 산다는 것, 그것은 인생의 행복과 불행을 감당할 줄 아는 것이다. 부모는 자신의 아이를 보호할 생각만 하지만, 그것만으로는 충분하지 못하다. 어른이 되어 스스로를 보존하고 운명의 타격을 견뎌내는 법을, 또한 사치나 빈곤에 맞서 대항하고 필요하다면 어떤 여건에서도 살아나가는 법을 가르쳐야 한다. 산다는 것은 숨 쉬는 것이 아니라 행동하는 것이다. 우리의 기관과 감각과 능력들, 그리고 우리에게 존재하고 있다는 느낌을 부여하는 우리 자신의 모든 부분들을 사용하는 것이다.

자연의 교육은 자연 질서 속에 제 자리를 가진 인간의 경우, 곧 인간의 의무에 대한 교육이어야 한다.

제2권

5세에서 12세까지

이 시기에 아이는 말을 하기 시작하고

자의식을 가지며 기억을 통해 정체성을 느낀다.

그것이 삶의 매순간으로 확장되면서 진정으로 통일되고

일관된 한 인간이 형성되며, 행복이나 불행을 느낄 수 있는 단계에 이른다.

따라서 이 시기부터는 아이를 정신적 존재로 간주하면서 육체와 감각과 힘을

단련시켜야 한다.

01 교육은 시간을
소비하는 것이다

인생에서 가장 위험한 시기는 태어나서 12세가 될 때까지다. 이 기간은 오류와 악덕이 싹트는 시기로서 그것들을 근절시킬 수 있는 수단이 아직 전혀 없다. 그런 수단이 생겼을 때는 이미 그 뿌리가 깊어져서 그것을 뽑아내기엔 너무 늦다. 아이의 정신이 자신의 능력을 온전히 발휘할 수 있을 때까지는 아이가 정신으로 무엇을 해서는 안 될 것이다. 아이의 정신이 아직 아무것도 보지 못하는 이 시기에는 어른이 빛을 제시하더라도 아이가 그 빛을 발견할 수 없기 때문이다. 또한 거대한 관념의 평원에 이성이 그려놓은 길은 아무리 밝은 눈에도 아직은 매우 희미하여, 아이의 정신이 그 길을 따라가기란 불가능하기 때문이다.

그러므로 최초의 교육은 소극적이어야 한다. 그것은 미덕이나 진리를 가르치는 것이 아니라 악덕으로부터 마음을, 그리고 오류로부터 정신을 보호하는 것이다. 만약 어른이 성급하게 아이에게 무엇을 주입하려 하지 않는다면, 또 아무것도 하지 않게 자신을 내버려둘 수만 있다면, 첫 가르침에서부터 아이의 이해력이 이성을 향해 열릴 것이다. 편견도 인위적인 습관도 갖지 않은 아이는 어른의 정성이 빚어낼 효과를 방해할 것을 전혀 지니지 않아서 곧 현명한 인간으로 성장할 것이다. 아무것도 하지 않는 것으로 시작해서 교육의 기적을 일구게 될 것이다.

어른들은 아이를 아이답게 만들려 하지 않고 대단한 학자로 만들고 싶어서 너무 이르다는 생각도 없이 일찍부터 아이를 교정하고 질책하며 이치를 따져 가르치려 든다. 또 위협하거나 비위를 맞추거나 끊임없이 뭔가 약속을 한다. 그런 방식으로 아이가 얻게 되는 지식도 있을 것이다. 그러나 아이를 그보다 더 잘 가르치고 싶다면 아이와 결코 이치를 따지지 말라. 특히 아이가 싫어하는 일을 인정하게 하려고 이치를 따지는 일은 피해야 한다. 왜냐하면 아이가 불쾌하게 여기는 일에 항상 이치를 끌어대면 아이는 이치를 지겨운 것으로 여기게 되어, 아직 그것을 이해하지 못하는 머리로 일찍부터 그것에 불신만 갖게 되기 때문이다.

감정을 평가하는 판단력이 생기기 전에 아이가 갖게 되는 모든 감정을 주의해야 한다. 외부에서 오는 낯선 자극들을 차단하라. 악이 생겨나는 것을 막기 위해 서둘러 선을 심어주려 해서는 안 된다. 선은 이성으로 선을 이해할 수 있을 때에만 선이 되기 때문이다. 늦을수록 이득이 된다고 생각해도 좋다. 아이의 본성에서 아무것도 잃지 않은 채 목표를 향해 나아가는 것은 결국에는 많은 것을 얻는 일이다. 반면 빨리 또 많이 가르치려 드는 것은 아이가 앞으로 차차 발휘할 수 있는 능력들을 빨리 또 많이 잃게 만드는 일이 된다.

각각의 정신에는 고유한 형식이 있다. 아이는 제 형식에 맞는 지도를 받아야 한다. 아이에게 들인 정성이 결실을 얻으려면 다른 형식이 아닌 그 고유의 형식에 맞게 지도하는 것이 중요하다. 신중한 인간이라면 오랫동안 아이의 본성을 살피고, 아이에게 첫 말을 건네기 전에 그를 주의 깊게 관찰할 것이다. 아이를 온전하게 파악하려면 우선 그의 성격이 완전히 자유롭게 싹을 틔우도록 내버려두고, 어떤 점에서도 제재를 가하지 말라. 이는 절대로 낭비가 아니다. 왜냐하면 이렇게 해서 어른은 더욱 귀중한 시기에 단 한순간도 낭비하지 않는 법을 배울 수 있기 때문이다. 교육에서 가장 훌륭하고 가장 중요하며 가장 유용한 규칙은 시간을 버는 것이 아니라 시간을 소비하는 것이다.

반면 무엇을 해야 하는지 알기 전에 행동을 취한다면, 어른은 되는 대로 행동하고 그릇된 판단을 하기 쉬워서 결국 다시 원점으로 돌아가야 할 것이다. 아무것도 잃지 않으려다가 많은 것을 잃는 구두쇠처럼 행동해서는 안 된다. 현명한 의사는 환자를 한 번 보고 단번에 경솔한 처방을 내리지 않는다. 처방을 내리기 전에 환자의 체질부터 먼저 충분히 살펴본다.

02 아이가 첫 번째로 배워야 할 것은 고통을 견디는 법이다

아이가 다쳤을 때 최소한 얼마 동안은 가만히 있는 것이 좋다. 이미 다쳤다면 아이는 어쩔 수 없이 그것을 견뎌야 한다. 부모가 호들갑을 떨면 아이는 더욱 겁을 먹고 더욱 민감해질 뿐이다. 실제로 사람이 다쳤을 때 고통을 주는 것은 신체에 가해진 타격보다 두려움이다.

적어도 아이가 불안감을 갖게 하지는 말아야 한다. 왜냐하면 상처에 대해 부모가 내리는 판단을 보고 아이는 자신의 상처를 판단하기 때문이다. 부모가 냉정한 태도를 유지하는 것을 보면 아이도 곧 냉정함을 되찾고 더 이상 아픔이 느껴지지 않을 때 상처가 다 나았다고 생각할 것이다. 이로부터 용기라는 최초의 교훈을 얻고, 두려움 없이 작은 고통을 견딤으로써 단계적으로 더 큰 고통을 견디는 법을 배울 수 있다.

아이가 체격이 작고 힘이 약한 것은 위험하지 않게 이런 중요한 교훈들을 배우기 위해서다. 아이를 경솔하게 높은 곳에 두거나 혼자 불가에 두지 않는 한, 또한 위험한 도구들을 아이의 손이 닿는 곳에 두지 않는 한, 자유롭게 놓아둔 아이가 죽거나 불구가 되거나 중상을 입는 경우는 드물다. 아이가 고통을 겪지 않게 할 목적으로 아이 주변에 온갖 자질구레한 장치들을 마련해둔다면, 그 아이는 어른이 되어서도 여전히 어른의 처분에 맡겨진 채 용기도 없고 경험도 없이 가볍게 찔리기만 해도 자신이 죽는다고 생각하며 피한 방울에도 기절할 나약하고 비겁한 사람이 될 것이다.

루소의 이러한 생각은 생활환경이 복잡하고 위험해진 현대 도시의 아이들에는 잘 맞지 않을 수도 있다. 그러나 오늘날 많은 부모들이 아이에게 적당한 참을성과 용기를 키워주지 못한다는 점에서는 오히려 유용한 구절로 보인다.

어른은 광적이고 현학적인 교육열 때문에 언제나 아이에게 그 스스로 터득하면 훨씬 더 잘 할 수 있는 것을 가르치려 들고, 정작 어른만이 그에게 가르칠 수 있는 것에는 소홀히 하기 쉽다. 아이에게 걷는 법을 가르치기 위해 들이는 수고보다 더 어리석은 것이 있을까? 반대로 걷는 법을 잘못 가르쳐서 일생 동안 걸음걸이가 잘못된 사람들이 얼마나 많은가.

탁한 실내 공기 속에 오래 머물게 하지 말고 매일매일 풀밭으로 데리고 나가라. 그곳에서 달리고 뛰어놀 수 있게 해주고 하루에 백 번이라도 넘어지게 그냥 두는 것이 좋다. 그렇게 함으로써 아이는 다시 일어서는 법을 훨씬 일찍 배우게 될 것이다. 설령 상처를 좀 입게 되더라도 자유가 주는 만족감이 아이의 자질구레한 상처들을 보상해줄 것이다.

스스로의 힘으로 더 많은 것을 할 수 있게 되면 아이는 다른 사람에게 의지해야 할 필요가 적어진다. 또한 힘이 강해지면 그와 더불어 그 힘을 관리할 수 있는 지식도 발전하게 된다. 엄밀한 의미에서 개인의 삶이 시작되는 것은 바로 이 두 번째 단계다.

03 미래의 행복을 구실로
   아이에게 쇠사슬을 채우지 말라

아이가 누릴 수 있을지 알 수 없는 행복, 무엇인지 알 수도
없는 미래의 행복을 준비해주기 위해 아이에게 온갖 종류
의 쇠사슬을 채워 불행하게 만드는 데서 시작하는 교육은
야만적이다.

미래의 행복을 위한 교육은 목표에서는 합리적일 수도
있다. 그렇다 하더라도 노예처럼 끊임없이 공부하고 또 훈
련을 하도록 선고받은 아이가 불행한 것은 사실이다. 그 많
은 노력이 언젠가 아이에게 유용하리라는 확신도 없는데,
즐겁게 보내야 할 이 시기가 눈물과 벌과 위협과 속박 속에
지나가고 있지 않은가! 아이를 위한다고 하지만 이는 명백
히 아이를 괴롭히는 일이다. 루소는 이것이 어른들의 잘못
된 지혜라고 말한다. 이 잘못된 지혜 때문에 아이는 앞으로
나아갈수록 그만큼 달아나는 미래를 쫓아 쉼 없이 달린다.

또 지금 여기가 아닌 다른 곳으로 이끌려가며, 끊임없이 자기 밖으로 내몰리고, 현재를 언제나 하찮은 것으로 여기게 될 것이다.

사람들은 흔히 어린 시절이 인간의 나쁜 성향을 바로잡아야 할 시기라고 말한다. 철들고 난 뒤에 고생하지 않도록 고통을 가장 덜 느끼는 유년기에 고생을 더 많이 시켜야 한다는 논리다. 하지만 부모가 아이의 아직 나약한 정신을 짓누르며 심어준 모든 훌륭한 가르침이 먼 훗날 그에게 유용하기보다 해로운 것이 되지 않으리라고 보장할 수 있는가. 또 부모가 아이에게 마음대로 부여한 고통으로 무엇인가를 면하게 해주었다고 확신할 수 있는가. 부모는 왜 현재의 불행이 미래의 짐을 덜어준다는 확신도 없이 아이라는 상태에 내포된 것보다 더 많은 고통을 아이에게 부여하는가. 근거가 있든 없든 그것은 언젠가 행복하게 해주리라는 희망으로 지금 한 사람을 불행하게 만드는 '유감스러운 선견지명'이다.

어린 시절을 사랑하라. 또한 어린 시절의 놀이와 즐거움과 사랑스러운 본능을 마음껏 누리게 해주라. 왜 곧 지나가버릴 그 짧은 시기의 즐거움을, 남용할 수도 없는 그토록 소중한 행복을 순진한 아이들에게서 빼앗으려 드는가. 자연이 아이에게 부여한 짧은 순간을 빼앗아 후회를 만들지 말라. 아이가 존재의 즐거움을 느낄 수 있게 되면 즉시 그것을 즐기도록 해주라. 또한 신이 언제 그들을 부르든 삶을 맛보지도 못한 채 죽는 일은 없게 하라.

04 아이가 자신의 의지에 따라 행동하는 사람이 되게 하라

자신의 의지에 따라 행동하는 사람은 행동하기 위해 자신의 힘에 다른 사람의 힘을 보탤 필요가 없는 사람이다. 진정으로 자유로운 사람은 자신이 할 수 있는 것만을 원하고 자기 마음에 드는 일을 하는 사람이다. 이것이 기본 법칙이다. 어린 시절에 이루어지는 교육의 모든 규칙들은 여기서 비롯되어야 한다.

아이는 아직 나약하다. 그 나약함과 더불어 욕망이 커지는 것은 사회 때문이다. 아이가 변덕스러운 것은 아이가 진정한 욕구가 아닌, 남의 도움을 받아서만 만족시킬 수 있는 욕구를 가진 나약한 존재이기 때문이다. 그 나약함을 보완할 수 있는 의지를 키워주기보다, 적절한 나이가 되기도 전에 아이를 사회 상태로 끌고 들어가 아이가 필요로 하는 것 이상을 아이에게 부여하는 것은 나약함을 연장시키고 더 강화할 뿐이다. 본성이 요구하지 않는 것을 아이에게 요구함으로써, 아이가 자신의 의지를 행사하기 위해 가지고 있는 약간의 힘마저 부모의 의지에 따라 사용하게 함으로써, 아이의 나약함과 부모의 애정으로 형성된 상호 의존성을 상호 예속 상태로 바꾸어놓음으로써 아이는 한층 더 나약해진다.

아이는 동물도 어른도 아니고 어린아이여야 한다. 아이는 자신의 나약함을 깨달아야 하지만 그 때문에 고통을 받아서는 안 된다. 자신을 키워주는 사람에게 의존해야 하지만 복종해서는 안 된다. 또한 요구할 수는 있지만 명령을 내려서는 안 된다. 아이일 때는 자신의 욕구를 충족시키기 위해서만 다른 사람을 따른다. 아이는 자신에게 유용한 것을, 자기를 보존하는 데 도움을 주거나 해를 끼칠 수 있는 것을 다른 누구보다 더 잘 알고 있기 때문이다. 그 누구도, 아버지조차 아이에게 유용하지 않은 것을 명령할 권한은 없다.

최고의 선은 권력이 아니라 자유다.

05 인간의 비참함은
욕망과 능력의 불균형에서 생겨난다

우리는 절대적인 행복이나 절대적인 불행이 무엇인지 알지 못한다. 인생에서 모든 것은 뒤섞여 있다. 우리는 인생에서 불순물이 섞여 있지 않은 어떤 순수한 감정도 맛보지 못하며, 인생은 무상하여 단 두 순간도 동일한 상태에 놓여 있지 않는다. 육체가 변하는 것과 마찬가지로 마음의 성향도 연속적인 흐름 가운데 있다.

행복과 불행은 우리 모두에게 공통된 것이지만 그 정도는 다양하다. 가장 행복한 사람이 고통을 가장 적게 겪는 사람이라면 가장 불행한 자는 기쁨을 가장 적게 느끼는 사람이다. 그런데 인생에는 언제나 즐거움보다는 고통이 많은 법이다. 이 또한 모든 인간에게 공통적이다. 이처럼 인생에서 인간이 느끼는 행복이란 소극적인 상태에 지나지 않는다. 이로부터 자신이 겪는 불행이 얼마나 적은가에 따라 행복을 가늠해야 한다는 결론이 나온다.

모든 고통의 감정은 거기서 벗어나려는 욕망과 뗄 수 없으며, 모든 기쁨의 관념은 그것을 즐기려는 욕망과 분리될 수 없다. 모든 욕망은 결핍을 전제로 하고 결핍은 모두 고통스럽다. 결국 우리의 비참함은 바로 우리가 가진 욕망과 능력의 불균형에서 생겨난 것이다. 능력이 욕망에 버금가는 감각적 존재가 있다면 그 존재는 절대적으로 행복한 존재이리라.

능력을 확장시키는 것은 행복에 이르는 길이 아니다. 그와 동시에 욕망이 더 큰 비율로 증가되어 인간은 그만큼 더 불행해질 뿐이기 때문이다. 그렇다면 인간의 지혜 또는 진정한 행복의 길은 어디에 있는가? 무조건 우리의 욕망을 감소시키는 것이 능사는 아니다. 왜냐하면 만약 욕망이 능력에 못 미치면 우리가 가진 능력 가운데 일부는 할 일이 없어지고 그 결과 우리는 존재를 온전히 즐기지 못할 것이기 때문이다. 행복의 길은 능력에 비해 과도한 욕망을 줄이고 능력과 의지를 완전히 동등하게 만드는 데 있다. 오로지 그럴 때에만 모든 힘이 다 발휘되더라도 정신은 평온함을 유지하고 인간은 질서 가운데 제대로 자리 잡을 것이다.

자연이 아이에게 당장 부여한 것은 오로지 자기 보존에 필요한 욕구와 그것을 만족시키기에 충분한 능력뿐이다. 자연은 나머지 다른 능력들은 필요할 때 발휘될 수 있도록 인간의 정신 깊숙한 곳에 비축해두었다. 능력과 욕망이 일치하여 인간이 불행하지 않은 시기는 오로지 이 최초의 상태뿐이다.

06 필요 이상의 능력이
인간을 불행하게 만든다

인간만이 필요 이상의 능력을 가질 수 있으며, 이 여분의 능력이 인간의 불행을 만들어낸다. 행복이 불행으로 바뀌는 것은 행복을 증대시키기 위해 지나치게 자신을 괴롭히기 때문이다. 파보리누스Favorinus는 큰 욕망은 큰 부에서 생겨나므로 부족한 것을 마련하는 최선의 방법은 자신이 가진 것을 없애는 것이라고 말했다.

누구든 한 번은 죽는다는 사실을 인정하지 못한다면 그는 삶을 보존하기 위해 너무도 비싼 대가를 치러야 할 것이다. 이것이 바로 인간이 자연적 존재라는 증거다. 자연 질서 속에 있는 인간이 죽음을 극복할 것처럼 사는 것은 불행을 초래할 수밖에 없다. 만약 우리가 죽지 않는다면 우리는 매우 불행한 존재가 될 것이다. 죽는다는 것은 괴로운 일이지만, 설령 누군가 이승에서의 불멸을 선사한다 해도 그 서

글픈 선물을 받고 싶어 할 사람이 있을까? 생명체인 인간의 가혹한 운명과 불의로 가득 찬 사회에 대항할 수 있는 어떤 방책, 어떤 희망, 어떤 위안이 우리에게 남아 있을까? 역설적이게도 인간은 반드시 죽는다는 사실은 현명한 인간에게는 삶의 고통을 견딜 수 있는 동기가 될 뿐이다.

우리가 정신적으로 느끼는 고통은 단 하나 악의적인 범죄에 의한 경우를 제외하고 모두 남들의 시선과 평판에 달려 있다. 범죄를 저지르는 것은 우리 자신의 의지에 달려 있다. 신체가 겪는 고통은 저절로 소멸되거나 아니면 그 신체를 소유한 우리를 파괴한다. 시간 또는 죽음 외에 그것을 치유할 수 있는 방책은 없다. 우리는 질병을 견디기 위해 겪는 고통보다 그것을 치유하느라 더 많은 고통을 스스로에게 가한다. 자연의 질서에 따라 살면서 고통을 견딜 수 있는 인내심을 가져라. 죽음을 피하지는 못하겠지만 우리는 고통을 줄이고 단 한 번만 죽음을 겪게 될 것이다.

인간이 자기 자신을 보존하는 데 강렬한 애착을 가지고 있는 것은 사실이다. 하지만 사람들은 자기를 보존하려는 애착이 대부분 인간이 만들어낸 것임을 미처 알지 못한다. 인간은 원래 자기 보존의 수단이 자기 능력 안에 있는 동안에만 자기를 보존하는 일을 걱정한다. 그 수단들이 없어지면 곧 인간은 평온해져서 쓸데없이 괴로워하지 않고 죽음을 맞이한다. 인간에게 행복을 마련해주는 체념, 이 첫 번째 법칙은 자연에서 비롯된 것이다. 이 법칙이 깨지면 이성이 만들어내는 다른 법칙이 있을 수 있지만, 이성에서 법칙을 끌어낼 줄 아는 사람은 많지 않다. 또한 인위적인 체념은 첫 번째 자연의 법칙만큼 완전하지도 전적이지도 못하다.

인간의 관습이란 모든 것이 다 어리석기 쉽고 미흡할 뿐이다. 자기 자신으로 생존하기만을 원하는 모든 인간은 행복하게 살 것이다. 그 결과 그는 선하게 살 것이다. 힘과 건강과 자신이 선하다는 확신을 빼면 이 세상에서 모든 행복이란 남들의 시선과 평판에 종속되며, 육체의 고통과 양심의 가책을 빼면 모든 불행은 상상의 것이다.

07   미래에 대한 상상력은
　　　모든 불행의 원천이다

이 시기부터 아이에게 잠재되어 있던 능력이 활동을 시작한다. 그중에서도 가장 활동적인 능력인 상상력이 일깨워지면서 다른 모든 능력들을 앞지르게 된다. 상상력은 좋은 쪽으로든 나쁜 쪽으로든 인간에게 가능성의 한도를 넓혀주며 그에 따라 욕망의 경계도 넓어진다. 상상력은 욕망을 충족시키기 위해 점점 더 욕망을 부추긴다.

　그러나 처음에는 손에 잡힐 것 같던 욕망은 언제나 쫓아가는 속도보다 더 빨리 달아나버린다. 왜냐하면 이미 충족된 욕망은 더 이상 뒤를 돌아보려 하지 않고, 또 충족된 욕망은 아무것도 아니라고 생각하면서 아직 갖지 못한 것을 더욱 확대해 상상하기 때문이다. 따라서 욕망이 충족되어 쾌락을 얻으면 얻을수록 행복은 우리에게서 더 멀어진다. 우리를 끊임없이 현재의 자신 밖으로 끌어내어 우리가 도달하지 못할 곳으로 데리고 가는, 미래를 예측하고 대비하려는 상상력이야말로 바로 우리가 가진 모든 불행의 원천이다.

반대로 인간은 자신의 자연적 조건에 가까이 머물러 있을수록 욕망과 능력의 간극이 좁아져서 만족스러운 상태에 가까워진다. 오늘날 인간은 아무것도 소유하지 못한 듯이 보였을 때보다 가난하지 않다고 말하기 어렵다. 왜냐하면 가난은 사물의 결핍에 있는 것이 아니라, 그 결핍이 야기하는 욕망에 있기 때문이다.

현실 세계는 한계가 있지만 상상의 세계는 무한하다. 현실 세계를 확장시킬 수 없다면 상상의 세계를 축소시키자. 우리를 진정으로 불행하게 만드는 모든 고통은 오직 두 세계의 간극에서 생겨난다. 인간처럼 덧없는 존재가 올지 안 올지도 모를 먼 미래만 바라보느라 확신할 수 있는 현재를 등한시하는 것은 무슨 기이한 습성인가! 이 습성은 나이가 들면서 더 심해지고 더 치명적이 되기 쉽다. 의심 많고 용의주도하고 인색한 노인들을 보라. 그는 혹시 백 년 후에 필요한 것이 모자랄까봐 오늘 필요한 것을 쓰지 않고 아끼려 한다. 이처럼 모든 것에 집착하고 모든 것에 매달리면 지금 존재하고 또 앞으로 존재할 모든 것이 중요해져서, 각자의 존재는 자신의 극히 미세한 일부분에 지나지 않게 된다. 오늘날 인간이 자신을 온 세상으로 확장시키고 세상의 모든 일에 민감하게 된 것은 이 때문이다.

우리는 더 이상 현재 있는 곳에 존재하지 않고 우리가 없는 곳에서만 존재하게 되었다. 인간이여, 당신의 존재를 자기 자신에게로 좁혀라. 그러면 당신은 더 이상 불행하지 않을 것이다. 자연이 존재들의 사슬 속에 지정해준 인간이라는 당신의 자리에 머물도록 하라. 그 어떤 것도 당신을 거기서 빠져나가게 할 수는 없을 것이다. 필연의 엄중한 법칙에 대항하지 말고, 거기에 저항하느라 힘을 소비하지도 말라. 자연은 그 힘을 당신의 존재를 확장시키거나 연장시키는 데 쓰도록 준 것이 아니라, 오로지 자연이 원하는 대로 또 자연이 원하는 범위 내에서 당신의 존재를 보존하는 데 쓰라고 준 것이다.

당신이 가진 자유와 능력은 자연이 부여한 힘이 확장되는 정도로만 발휘될 뿐이다. 그 나머지는 모두 예속, 환상, 현혹에 불과하다. 권력은 곧 종속이다. 지배한다고 말하고 그런 줄 믿지만, 권력을 행사하는 자는 언제나 다른 사람들이 원하는 일을 행하게 되기 때문이다. 당신이 권력을 행사하여 마음대로 그들을 이끌어가려면 그들의 마음에 들게 처신해야 한다. 그것은 곧 당신이 지배하는 사람들의 편견에 종속되는 것이 아니고 무엇인가.

사회 상태는 인간이 각자 자신의 힘에 대해 갖는 권리를 빼앗을 뿐 아니라, 자신의 힘만으로 충분하지 못한 상태에 처하게 만듦으로써 인간을 더욱 나약하게 만들었다. 더 이상 다른 사람 없이 지낼 수 없는 우리는 이런 측면에서 다시 나약하고 불행해졌다. 불평등에 기초한 법과 그것으로 운영되는 사회가 인간을 다시 어린아이의 상태로 빠뜨려놓은 것이다. 부자와 귀족, 왕은 남들이 열심히 자신의 불편과 불행을 덜어주려는 것을 보고 유치한 허영심을 갖는 어린아이에 불과하다.

08 인간의 교육은
자연의 교육에서 시작해야 한다

왜 자연의 교육에서 시작해야 하는가? 루소가 말하는 자연
의 교육은 인간이 처하게 된 사회 상태와 결코 대립적이지
않다. 오히려 사회 상태를 완성시킬 수 있는 진정한 인간을
교육하기 위해 자연의 교육이 반드시 필요하다고 루소는
주장한다.

두 가지 종류의 의존 상태가 있다. 하나는 사물에 대한 의
존으로서 자연적인 것이고, 다른 하나는 인간에 대한 의존
으로서 사회적인 것이다. 어떤 도덕성도 없는 사물에 대한
의존은 자유에 조금도 해가 되지 않으며 악을 만들어내지도
않는다. 반면 인간에 대한 의존은 자연의 질서에 따른 것이
아니기 때문에 온갖 악을 양산할 수 있다. 인간에 대한 의존
은 주인과 노예의 관계를 만들어내 서로를 타락시킨다.

이처럼 무질서하고 상호 종속적인 사회의 악을 치유할

수 있는 방법이 있다면, 그것은 개별의지보다 상위인 일반
의지, 즉 법에 실제 힘을 부여하고 인간을 그 법에 의한 존
재로 대체하는 것이다. 국가의 법률이 자연의 법처럼 어떤
개인의 권력에서도 영향을 받지 않는 엄정함을 가질 수만
있다면 인간에 대한 의존은 다시 사물에 대한 의존 상태로
전환될 것이다. 그 결과 국가 내에서 자연 상태가 갖는 이점
들과 사회 상태가 갖는 이점들이 결합되어, 사회적 악으로
부터 인간의 자유를 지킬 수 있게 된다. 동시에 개인으로 하
여금 미덕을 가치로 지향하는 도덕성을 갖추게 할 수 있다.

  인간은 아이에서 시작하여 어른이 된다. 그 기간은 개인
적으로 자연 상태에서 사회 상태로 이행을 준비하는 기간
이라 할 수 있다. 이 시기에 가장 중요한 오감의 발달은 사
물에 의존하며, 아이는 감각을 통해 사물을 이해하는 감각
적 이성을 발달시킨다. 따라서 아이를 섣불리 지성적 이성
으로 이끌기보다 사물에 대한 의존 상태에 머물러 있게 하
는 것이 필요하다. 이는 인간의 교육이 이루어지기 전에 반
드시 거쳐야 할 교육 단계다. 자연의 교육, 사물의 교육이
진행되는 가운데 아이는 저절로 자연의 질서를 따르게 될
것이다.

09 아이의 모든 욕구를
   인정해서는 안 된다

아이가 분별없는 의지, 다시 말해 막무가내 변덕을 부릴 때
는 물리적인 제재를 가해야 한다. 그때 처벌은 행동 자체에
서 발생된, 그래서 아이가 같은 행동을 할 때마다 상기할 수
있는 처벌이어야 한다. 나쁜 행동을 하지 못하게 할 것 없이
그것을 방해하는 정도만으로 충분하다.

아이가 원하는 것을 주되, 아이가 요구해서가 아니라 그
것이 아이에게 필요하기 때문에 준다는 것을 아이에게 분
명히 해두어야 한다. 아이가 원하지만 스스로는 할 수 없고
다른 사람이 대신 해주어야만 하는 일은 주의 깊게 경계해
야 한다. 그리하여 자연스러운 진정한 욕구와 막 생겨나기
시작한 변덕스러운 욕구 그리고 과도한 생명력에서 비롯된
무분별한 욕구를 분별하게 해주어라.

아이가 어떤 행동을 할 때 복종이 무엇인지 알게 해서는

안 되며, 마찬가지로 어른이 아이를 위해 무엇을 해줄 때 지배가 무엇인지 알게 해서도 안 된다. 아이가 자신과 당신의 행동에서 똑같이 자유로움을 느끼게 해야 한다.

아이에게 부족한 힘을 보완해주되, 아이가 오만해지지 않고 자유로움을 느낄 수 있을 만큼만 보완해주어라. 혼자서 하지 못해 도움을 받는 것에 굴욕감을 느껴서 아이가 도움 없이 혼자 힘으로 자기 일을 하고 싶어 하도록, 또 그것을 자랑스러워하도록 유도하라. 아이의 모든 움직임은 자기 힘을 강화하려는 의도를 가지고 있기 때문에, 어른이 아이를 지나치게 보조하지만 않는다면 아이는 그렇게 될 것이다.

아이는 자신이 원하는 것을 말로 요구할 수 있게 되면 그것을 더 빨리, 더 집요하게 손에 넣으려고 고집스럽게 울고 떼를 쓸 것이다. 그런 요구는 단호하게 거절해야 한다. 아이의 울음 때문에 무엇인가를 양보하는 것은 아이의 눈물을 부추길 뿐 아니라 아이에게 당신의 선의를 의심하게 만드는 일이다. 또한 당신을 귀찮게 하는 것이 원하는 것을 얻어낼 수 있는 효과적인 수단이라고 생각하게 가르치는 셈이 된다. 아이는 당신이 친절하지 않다고 생각하면 심술을 부릴 것이고, 당신이 약하다고 생각하면 고집을 부릴 것이다.

거절할 생각이 없으면 아이가 처음 욕구를 표현할 때 바로 들어주어야 한다. 또한 아이가 필요해서 말을 할 때는 그것을 즉시 알아채고 그의 요구를 들어주도록 하라. 그렇지만 한번 거절한 것은 절대로 번복해서는 안 된다.

여기서 지나치게 엄격한 것도 지나치게 관대한 것도 모두 피해야 한다는 결론이 나온다. 지나친 엄격함은 아이의 생명과 건강을 위험에 노출시키고 아이를 비참과 불행에 빠뜨린다. 반대로 지나친 관대함은 아이에게 어떤 불편도 겪지 않게 함으로써 아이가 앞으로 겪게 될 더 큰 불행을 준비하는 셈이 된다. 어른이 되어서도 그는 나약하고 과민한 아이로 남게 될 것이다.

10 과잉보호는
   더 큰 불행을 가져온다

자연은 아이에게 약간의 불편을 겪게 한다. 이를 보상해주는 것은 그러면서도 아이가 느끼는 자유다. 아이에게 자유를 느끼게 하려면 아이가 스스로 불편을 겪도록 내버려두어라. 약하다는 사실만으로도 아이는 충분히 속박을 당한다. 아이가 남용할 수도 없고 또 빼앗아봤자 누구에게도 그다지 소용없는 제한된 자유를 빼앗음으로써 아이를 불행하게 만들지 말라. 철들 나이가 되면 사회에 종속되기 시작하는데, 개인적인 속박을 가해 그것을 앞당길 이유가 없다. 자유롭게 내버려둠으로써 마음껏 자기 몸을 움직이면서 아이가 느낄 행복을 생각해보라. 아이가 행복을 느낄 수 있게 하려면 아이 혼자서 불편을 겪도록 내버려두라. 아이가 느끼는 자유가 그 불편함을 충분히 보상해줄 것이다.

자기 체질을 벗어난 존재에게 어떤 진정한 행복이 가능

할까? 인간이면 겪어야 할 모든 고통을 면제해주려는 과잉 보호는 인간이 타고난 체질을 벗어나게 하려는 것과 다르지 않다. 인간은 생로병사의 고통을 피해갈 수 없다. 큰 행복을 깨달으려면 작은 고통을 견뎌내야만 한다. 인간에게 가능한 행복의 실마리는 바로 거기에 있다. 육체적인 것이 지나치게 좋으면 정신적인 것이 부패한다. 고통을 겪어보지 못한 인간은 인간애의 감동도, 연민이 주는 즐거움도 알지 못할 것이다. 그의 마음은 어떤 것에도 감동받지 못하고, 사람을 잘 사귀지도 못할 것이며, 인간들 사이에서 인간이 아닌 일종의 괴물이 되어버릴 것이다.

11 아이가 원하는 모든 것을
   다 들어주지 말라

아이가 원하는 모든 것을 소유하는 데 익숙하게 만드는 것은 아이를 불행하게 만드는 확실한 방법이다. 아이가 원하는 것을 모두 가진다면 아이의 욕망은 쉽게 채워져 계속 커져갈 것이다. 커지는 욕망에 따라 그것을 만족시킬 수단도 증가한다면 누구나 만물의 주인이 될 것이다. 무언가를 손에 넣기 위해 원하기만 하면 되는 아이는 자신이 세상의 주인이라고 생각하며 다른 사람을 모두 자신의 노예로 여기게 된다.

그러나 언젠가 당신이 능력을 잃어 아이가 원하는 것을 거절할 수밖에 없는 시기가 온다면, 거절에 익숙하지 않은 아이는 자신이 원하는 것을 얻지 못하는 것보다 그 거절에 더 큰 고통을 느낄 것이다. 명령을 내리는 것만으로 모든 것이 가능하다고 생각하는 아이는 이 거절을 일종의 배반 행위로 간주하기 때문이다. 아직 이성적으로 생각할 수 없는 나이의 아이에게 당신이 제시하는 이유는 아이에게 모두 핑계로 들릴 뿐이다. 무슨 말을 하든지 아이는 당신의 악의를 느끼고 부당하다고 생각한다. 이 느낌이 아이의 천성을 격하게 만들어 아이는 모든 사람을 증오하고 어떤 친절에도 감사할 줄 모르며, 반대에 부딪치기만 하면 화를 내는 성마른 아이가 될 것이다. 분노에 사로잡히고 성마른 감정에 시달리는 아이가 과연 행복할 수 있을까?

나약함과 지배욕이 결합하면 어리석음과 불행을 낳을 뿐이다. 모든 것을 다 할 수는 없는데도 아이는 자신이 아무것도 할 수 없다고 생각한다. 익숙하지 않은 많은 장애들이 아이에게 끊임없이 반감을 갖게 하고 그의 과격한 반발은 또 사람들의 멸시를 낳을 것이다. 이런 멸시는 아이를 겁 많고 비겁하고 비굴한 사람으로 만든다.

12 아이에게 도덕적 어휘를
   강요하지 말라

아이가 사물에서만 자극을 받는 동안은 아이의 모든 관념
이 감각에 집중되도록 하라. 철이 들기 전에 아이는 도덕이
나 사회적 관계에 대해 아무런 생각도 할 수 없다. 그러므
로 이와 관련된 어휘의 사용은 피해야 한다. 아이가 그 어휘
에 그릇된 관념을 결부시키기라도 하면, 그것은 우리가 전
혀 알 수도 없고 알아도 없앨 수 없는 오류와 악덕의 씨앗이
될 것이다. 그렇지 않으면 아이는 당신의 말을 들으려 하지
않거나, 당신이 강요하는 도덕적인 규율에 대해 일생 동안
지울 수 없는 그릇된 관념들을 갖게 될 것이다. 이성은 인간
이 가진 다른 모든 능력들을 혼합한 것으로서 가장 힘들게
또 가장 늦게 발달하는 능력이다. 따라서 아이의 어휘에서
복종과 명령, 의무와 책임이라는 낱말을 추방해야 한다. 힘,
필연, 무능력, 제한이라는 단어들이 중요한 자리를 차지해

야 한다.

훌륭한 교육의 결실은 바로 이성적인 인간, 올바른 판단력을 가진 인간이다. 그런데 그 이성을 다른 능력들을 발달시키는 데 사용하여 아이를 교육하려는 것은 결과물을 도구로 삼으려는 것과도 같다. 이치를 알고 스스로 판단할 수 있다면 교육이 필요하지 않을 것이다. 당신이 아이에게 어렸을 때부터 알아듣지도 못하는 이성의 말을 들려주면, 아이는 뜻도 모르는 빈말에 만족하면서 사람들이 자신에게 말하는 모든 것에 참견하려는 습관을 갖게 될 것이다. 그보다 더 나쁜 것은 자신이 현명하다고 생각하면서 논쟁을 일삼는 현학적이고 반항적인 사람으로 성장하기 쉽다는 것이다. 선생과 아이의 다음 대화가 그 실례를 보여준다.

선생: 그런 짓을 해서는 안 된다.

아이: 왜 그런 짓을 하면 안 됩니까?

선생: 그것은 나쁜 짓이기 때문이지.

아이: 무엇이 나쁜 짓입니까?

선생: 사람들이 너에게 하지 못하게 하는 일이다.

아이: 나에게 금지된 일을 하면 어떤 해가 있습니까?

선생: 말을 듣지 않았으므로 벌을 받게 된다.

아이: 아무도 모르게 할 건데요.

선생: 누군가 너를 감시할 것이다.

아이: 숨어서 할 겁니다.

선생: 누군가 너에게 물어볼 것이다.

아이: 거짓말을 하지요.

선생: 거짓말을 해서는 안 돼.

아이: 왜 거짓말을 하면 안 돼요?

선생: 그것은 나쁜 짓이니까.

이런 대화에서 아이가 선과 악에 대해 무엇을 알 수 있을까? 아이는 자기 나름대로 보고 생각하고 느끼는 방식을 갖고 있다. 그것을 어른의 방식으로 억지로 대체하려는 것은 무분별한 일이다. 이성은 스스로 판단하여 힘을 자제하게 하는 것인데, 이 시기의 아이는 힘을 억제할 필요를 못 느끼기 때문이다. 아이와 이치를 따져서 아이가 아버지의 권위에 복종해야 한다는 것을 되도록 일찍 인지시키라고 권고한 로크와 달리, 루소는 아이가 이해할 수 없는 권위야말로 아이를 망치는 것이라고 주장했다.

13 때 이른 도덕교육은
아이를 망친다

때 이른 도덕교육은 아이를 거짓말쟁이로 만들고 자신의
마음을 숨기는 법을 가르친다. 의무의 근거를 이해하는 것
은 이 시기의 아이에게는 불가능한 일이다. 그래서 복종의
의무를 납득시키려면 설득, 강제, 심지어 위협을 가하거나
때로는 아첨과 약속을 남발해야 한다. 결국 아이는 자신에
게 유리한 것에 이끌려서든 힘에 억눌려서든 이치를 납득
하는 척하게 된다. 그러나 아이는 복종이 자신에게 이롭고
반항이 해롭다는 것을 알게 되었을 뿐이다.

　다른 사람의 의지에 따라 행동하는 것은 괴로운 일이다.
또 아이는 어른이 요구하는 일을 대체로 싫어하기 마련이
어서, 아이는 숨어서 자기 마음대로 하려는 습관을 갖게 된
다. 자신이 복종하지 않았다는 것을 남들이 모르기만 하면
된다고 생각하기 때문이다. 동시에 아이는 발각되면 생길

더 큰 화가 두려워 자신이 잘못했다는 것을 즉시 시인할 자세도 갖추고 있다. 처벌에 대한 두려움, 용서받으리라는 희망, 성가신 재촉, 대답하는 난처함, 이런 혼란스런 감정들로 인해 아이는 결국 어른이 요구하는 고백을 모두 하게 된다. 어른은 이 자백을 듣고 아이를 이해시켰다고 생각하지만 실상 어른이 한 일은 아이를 귀찮게 했거나 겁먹게 했을 뿐이다.

이처럼 깨닫지도 못하는 의무를 강요당한 아이는 당신의 독재적인 태도에 불만을 품게 된다. 그리고 아이는 상을 받거나 처벌을 모면하기 위해 속마음을 숨기고 거짓말하는 법을 배우게 된다. 아이는 은밀한 동기를 표면상의 동기로 감추는 데 익숙해질 것이다. 이는 당신의 의도와는 정반대로 아이에게 자신의 진짜 모습을 감추고 빈말로 대답하면서 끊임없이 당신을 속이는 방법을 가르치는 것이다. 아이에게는 힘의 논리를 사용하고 어른에게는 이성을 사용하라. 이것이 자연의 질서다.

또한 아이에게 결코 명령을 내리지 말라. 당신이 자신에게 권위를 가지려 한다는 생각조차 하게 해서는 안 된다. 아이가 일찍부터 깨달아야 하는 것은 유한한 존재라면 모두

104

다 굴복해야 할 필연의 무거운 굴레가 있다는 것이다. 아이가 자신이 원하는 것을 갖지 못해도 참을 줄 알고 체념을 배울 수 있다면, 아이는 변덕을 부리지 않고 평화로워질 것이다. 인간이라면 사물의 필연성을 인내심을 가지고 견뎌낼 줄 알아야 한다. 가장 나쁜 교육은 아이가 자신의 의지와 당신의 의지 사이에서 망설이게 내버려두는 것이다. 차라리 아이가 이기게 하는 편이 백배는 낫다. 아직 이성이 발달하지 않은 아이와 도덕적 판단에 근거하여 시시비비를 가리는 일은 아이에게 전혀 도움이 되지 않는다. 아이는 오로지 자신이 약하고 당신이 강하다는 사실, 이런 처지 때문에 자신이 당신에게 필연적으로 예속되어 있다는 사실을 알고 깨달으면 된다.

가능한 것과 불가능한 것, 이 준칙을 가지고 아이를 원하는 방향으로 이끌어야 한다. 필연성이라는 단 하나의 끈만 있으면 아이를 복종시키거나 유도하거나 제지시킬 수 있다. 필연성을 깨닫고 인정한다면 아이는 불평하지 않을 것이다. 아이는 말이 아니라 체험을 통해서 교훈을 얻어야 한다.

14 성공할 수 있는 유일한 교육 수단은 잘 규제된 자유다

아이에게 어떤 종류의 처벌도 가하지 말라. 절대로 용서를 빌도록 시켜서도 안 된다. 아이가 하는 행동에는 어떤 도덕성도 없기 때문이다. 아직 아이에게는 잘못을 저지른다는 개념이 없어서 도덕적으로 나쁜 행동, 처벌이나 질책을 받을 만한 행동을 할 수 없다. 아이는 타인에게 악의를 품을 줄 모른다. 이런 상태에서 강제적인 제약을 가하면 아이의 격한 성격이 자극받아 스스로에게서 벗어나 점점 더 난폭해질 뿐이다. 자신이 받은 억압적인 제재에 대해 할 수만 있으면 보상을 받으려 들기 때문이다. 언제나 자유로울 수 있다고 생각하는 아이가 한순간의 방종을 서둘러 이용하지 않는 데 반해, 억압당해온 아이는 그 방종의 순간을 서둘러 남용하려 든다.

자신도 모르게 저지르는 아이의 나쁜 행동에 어떻게 대

처해야 할까? 그것은 아이의 선한 본성을 믿는 것이다. 자연의 최초 움직임은 언제나 올바르다는 것, 다시 말해 인간의 마음속에 본래부터 타고난 악이란 없다는 것을 자연의 법칙으로 삼으라. 악은 외부에서 인간의 마음속으로 깃든 것으로, 어떤 경로로 깃들게 되었는지 설명할 수 없는 악은 없다.

인간에게 자연스러운 유일한 열정은 자기애다. 자기애는 생존 본능에 부합하는 인간의 최초 열정이다. 자기애의 확장인 이기심은 그 자체로는 또는 자신과만 관련될 때는 선하고 유효하며 이득의 개념이 없다. 따라서 그것을 어떻게 적용하는가에 따라, 그리고 그것에 어떤 관계를 부여하는가에 따라 이기심은 좋게 또는 나쁘게 발휘될 수 있다. 그 이기심을 이끌어줄 안내자가 이성이다. 따라서 이성이 생겨날 때까지 교육에서 매우 중요한 것은 아이가 남이 보고 있거나 듣고 있다고 해서, 즉 다른 사람과의 관계 때문에 어떤 행위를 하지 않게 하는 것이다. 오로지 자연이 아이에게 요구하는 것만을 하게 해야 한다. 그럴 때 아이는 선한 행위만 하게 될 것이다.

나쁜 행동이란 남에게 해를 끼치려는 의도를 가지고 하

는 행동이다. 아이가 설령 나쁜 행동을 한다고 하더라도, 아직 사회가 심어주는 편견이나 선입견이 없기 때문에 아이에게는 결코 그런 의도가 있을 수 없다. 아이의 행동을 나쁘다고 말할 수는 없는 것이다. 주의를 주었는데도 아이가 소란을 피우고 물건을 부수었을 때, 그런 행동이 당신의 마음을 언짢게 했다는 것조차 눈치 채지 못하게 하고 아무 말도 하지 않을 수만 있다면, 당신은 큰 성과를 얻은 것이다. 당신의 반응을 보고 아이가 그것을 이용해 어떻게든 당신을 조종하려 든다면, 단 한 번이라도 그런 의도를 가진다면 그것이 최초의 악의가 될 것이다.

15 가르침은 말보다
행동으로 해야 한다

아이의 천성에 따라 가르침이 필요한 시기가 앞당겨지기
도 하고 늦추어지기도 한다. 성미가 까다로운 아이가 건드
리는 것마다 부수어버린다면 화내지 말고 그가 망가뜨릴
만한 것을 그의 손이 닿지 않는 곳에 두어라. 자신이 사용
하는 물건을 부수면 절대 서둘러 다른 것을 마련해주지 말
라. 그 물건이 없어짐으로써 생기는 피해를 깨닫게 해주어
야 한다. 매사에 가르침은 말보다 행동으로 이루어져야 한
다. 아이는 들은 말은 쉽게 잊어버리지만 행동은 잊지 않는
법이다.

가령, 아이가 창문을 깨뜨리면 얼마간 그로 인한 불편함
을 견디게 내버려 두라. 어느 정도 시간이 지나면 아이에게
아무 말도 하지 말고 창문을 갈아 끼운다. 다음에 아이가 또
창문을 깨뜨리면 그때는 방법을 바꾸어라. 냉담하게 그러

나 화는 내지 말고 그에게 "창문은 내 것이다. 내가 창문을 그곳에 달아두었다. 그것을 잘 보존했으면 좋겠구나"라고 말하고 창문이 없는 어두운 곳에 아이를 한동안 가두어둔 다. 아이가 화를 내고 울어도 내버려 둔다.

아이가 지칠 때까지 내버려 두었다가 다른 사람을 보내 다시는 창문을 깨뜨리지 않겠다는 제안을 먼저 해보라고 아이에게 말하게 한다. 아이가 그런 제안을 해오면 즉시 수 락하고 우리 모두에게 이로운 좋은 생각이라고 말해준다. 이어서 그가 한 약속에 대해 이의를 달거나 확인을 받으려 하지 말고, 그 화해를 신성하고 불가침한 것으로 여기면서 기쁘게 그를 안아주고 즉시 그를 자기 방으로 데려가라. 이 런 방식에서 아이가 성실한 약속과 그 유용성에 대해 어떤 생각을 가지게 될지 생각해보라. 이미 버릇이 나빠진 아이 를 제외하고.

16 거짓말을 하는 아이에게는
나쁜 결과를 떠올릴 수 있게 하라

아이가 거짓말을 할 때 절대로 심하게 비난하거나 벌하지 말고, 거짓말이 초래하는 모든 나쁜 결과들을 아이가 떠올릴 수 있게 하라. 다른 사람에게서 도움을 받아야 한다는 필요를 느끼고 지속적으로 다른 사람의 호의를 받고 있는 아이는 그들을 속이는 일에 관심이 없다. 오히려 다른 사람들이 사실을 있는 그대로 보는지에 지대한 관심을 갖는다.

아이들은 사실에 대해 거짓말을 하지 않는다. 오히려 말을 잘 들으라는 복종의 규칙이 거짓말의 필요성을 만들어 낸다. 왜냐하면 내 의지대로 하지 못하게 하는 복종은 괴로운 것이므로, 아이는 가능한 한 남들이 알아채지 못하게 그 상태에서 벗어나고 싶어 하기 때문이다. 또한 벌이나 꾸중을 피하는 데서 오는 현재 이익이, 진실을 밝힘으로써 얻게 될 먼 미래 이득을 능가하기 때문이다. 억압적인 교육 때문이 아니라면 아이가 거짓말을 할 일은 별로 없다.

약속은 일종의 계약이다. 사회 상태에 속하는 계약의 개
념이 아직 아이에게는 없다. 아이가 하는 모든 약속은 그 자
체로는 아무런 의미가 없다. 아이의 제한된 시야는 현재를
넘어서까지 확장될 수 없어서 약속을 하면서도 아이는 자
신이 무엇을 하고 있는지 알지 못하기 때문이다. 약속을 할
때도 아이는 거의 거짓말을 할 수 없다. 아이는 당장 난관
에서 벗어날 궁리만 하므로 지금 효과를 발휘하지 않는 수
단은 그것이 무엇이든 아이에게는 마찬가지이기 때문이다.
아직 잠자고 있는 그의 상상력은 서로 다른 두 개의 시간대
로 존재를 펼쳐놓을 줄 모른다. 내일 창문으로 뛰어내리겠
다는 약속을 함으로써 처벌을 모면할 수 있고 과자 한 봉지
를 얻을 수만 있다면 아이는 당장 그렇게 약속할 것이다. 아
이에게 약속을 지킬 것을 요구할 때는, 약속의 내용이 아이
가 약속을 하지 않아도 반드시 해야 하는 일에 국한하는 것
이 중요하다.

아이는 약속을 하면서 거짓말을 할 수 없다. 아이가 약속
을 지키지 않는 것은 그런 약속을 했다는 사실은 분명히 기
억하지만 약속을 지키는 일의 중요성을 아직 알지 못하기

때문이다. 미래를 읽을 수 없는 아이는 상황의 결과를 예측할 수 없다. 아이는 약속을 어길 때도 제 나이의 이성에 어긋나는 일은 아무것도 하지 않은 셈이다.

따라서 아이에게 진실을 말하도록 가르치려는 것은 거짓말하는 법을 가르치는 일이 될 뿐이다. 아이를 통제하고 지도하고 가르치는 데 급급하여 아이로서는 근거를 알 수 없는 교훈과 이유 없는 규칙들을 늘어놓는 것은 아이에게 영향력을 행사하려는 시도가 될 뿐이다. 이는 아이가 무지하지만 진실한 채로 남아 있는 것보다 어른들이 가르친 교훈을 알아듣는 척이라도 하며 거짓말을 하게 만드는 편을 선택하는 것이다. 아이가 진실을 숨길까 봐 염려하면서 아이에게 진실을 요구하지 말라. 또한 아이가 지킬 마음이 없는 약속을 얻어내려 하지도 말라. 누가 저지른 일인지 알 수 없는 어떤 손실이 생기더라도 누가 한 짓인지 따져 묻지 말라. 결국 그 아이에게 부인하는 법만 가르칠 뿐이다.

서둘러 가르치려 들지 않으면 아이에게 급히 요구할 것이 적어진다. 그 결과 무엇이든 적절한 시기가 되었을 때 아이에게 요구할 수 있는 여유가 생긴다. 아이가 약속을 충실하게 지키기 바란다면 약속을 요구하는 일에 신중하라.

17 누구에게도 해를 끼치지 말라고 가르쳐라

아이에게 적합할 뿐 아니라 모든 사람들에게 가장 중요한, 단 하나의 도덕적 교훈은 누구에게도 해를 끼치지 말라는 것이다. 선을 행하라는 교훈조차 이 교훈에 따르지 않으면 위험하고 거짓되며 모순적인 것이 되어버린다. 선을 행하지 않는 사람은 없다. 악인, 범죄자까지도 백 명의 불행한 사람을 희생시키고 한 사람을 행복하게 만드는 선을 행하지 않는가.

누구에게도 해를 끼치지 않는다는 원칙에 근거한 미덕, 그것은 소극적이지만 가장 실천하기 어려운 숭고한 미덕이다. 그것은 과시하지 않으며, 또 내가 한 선행으로 다른 사람이 만족하고 돌아서는 것을 보는 기쁨, 인간의 마음이 가질 수 있는 가장 달콤한 이 기쁨마저도 넘어서기 때문이다. 다른 사람에게 절대로 해를 끼치지 않는 사람이 있다면, 필연적으로 그가 다른 사람들에게 얼마나 큰 선을 행하는 것인지, 그렇게 하기 위해 그가 얼마나 용감한 정신과 강한 심지를 지녀야 하는지 곰곰이 생각해보라. 누구에게도 해를 끼치지 말라는 이 교훈 하나로 충분하다.

18 아이는 그 나이에 맞게 다루어야 한다

아이를 존중하라. 그리고 좋은 쪽으로든 나쁜 쪽으로든 성급하게 그를 판단하지 말라. 때로 아이에게서 매우 활기찬 힘이나 통찰력으로 반짝이는 명석한 정신을 발견할 때가 있다. 하지만 곧 바로 그 동일한 정신이 아둔하고 맥없어 보이기도 한다. 아이는 때로는 우리를 앞지르고 때로는 가만히 멈춰 있다. 우리는 어느 순간 아이가 정말 천재라고 말했다가 다음 순간 정말 바보라고 말하게 될 것이다. 그러나 어느 경우에나 다 잘못 생각하는 것이다. 그는 어린아이일 뿐이다.

겉으로 어떤 모습을 보이든지 아이는 그 나이에 맞게 다루어야 한다. 지나친 학습과 훈련이 아이의 힘을 소진시킬 수 있으니 주의하라. 어린 두뇌가 뜨거워지면서 끓어오르기 시작하는 것이 보이면 당분간 자유롭게 발효하도록 내버려두는 것이 좋다. 모든 것이 다 빠져나가 버릴지도 모르므로 절대로 자극해서는 안 된다.

예외적인 아이라면 아이가 오랫동안 자기를 드러내고 증명하고 확인시키는 과정을 지켜본 뒤에 그에게 맞는 특별한 방법을 채택하라. 자칫 자연의 작용을 방해할 수도 있으니, 부모는 자연을 대신하여 행동하기 전에 자연이 하는 대로 오랫동안 그냥 두는 편이 좋다. 시간을 낭비하고 싶지 않다고 말하겠지만, 시간을 잘못 쓰는 것이 그 시간에 아무것도 하지 않는 것보다 훨씬 더 시간을 허비하는 일임을 깨달아야 한다.

아이들은 아직 판단할 수 없기 때문에 진정한 기억을 가지고 있지 않다. 아이는 소리, 형상, 감각은 기억하지만 관념을 기억하는 일은 드물고, 관념들의 관계를 기억하는 일은 더더욱 드물다. 기하학의 기초를 몇 가지 배울 수는 있지만, 그들이 기억하는 것은 도형에 대한 인상과 도형을 증명하는 용어 몇 개뿐이다. 어렸을 때 단어로만 배운 사물들을 어른이 되어 다시 배워야 하는 것을 보면, 아이의 기억이 다른 능력에 비해 더 완전하다고 할 수 없다.

기억과 추론은 본질적으로 다른 능력이지만, 하나의 능

력이 발전할 때만 다른 능력도 진정한 발전을 이룰 수 있다. 철들 나이, 즉 이성이 발달하는 나이가 되기 전에 아이는 이미지만 받아들인다. 이미지는 감지된 대상의 그림에 불과하다. 그 대상들의 관계에 의해 결정되는 것이 관념이다. 이미지는 정신 속에서 홀로 존재할 수 있지만, 모든 관념은 또 다른 관념들을 전제로 한다.

자연이 아이의 뇌에 온갖 종류의 인상을 받아들이기에 적합한 순응성을 부여한 이유는, 왕들의 이름이나 전문적인 학술 용어 등 그 나이에 아무 의미도 없는 온갖 단어들을 그의 머리에 새기기 위해서가 아니다. 그것들은 사실 인생의 어느 시기에도 별로 쓸모없는 단어들이다. 그것들로 아이의 어린 시절을 짓눌러 아이를 우울하고 삭막하게 만들지 말라. 자연이 아이에게 순응성을 부여한 것은 아이가 이해할 수 있고 그에게 유용한 모든 관념들, 그의 행복과 관련 있고 언젠가 인간으로서의 의무를 밝혀줄 온갖 관념들이 일찍부터 지워질 수 없는 글자로 머리에 새겨지게 하기 위해서다. 그것이야말로 아이가 일생 동안 자신의 존재와 능력에 맞게 처신하는 데 도움을 줄 것이다.

19 아이에게는
세상이 책이다

아이가 보고 듣는 모든 것은 아이에게 자극을 주며 아이는 그것을 기억한다. 아이는 사람들이 하는 행동과 말을 자기 안에 면밀히 기록해둔다. 아이는 자신을 둘러싸고 있는 모든 것을 책으로 삼아, 자신의 판단력이 그것을 이용할 수 있게 될 때까지 기억을 풍성하게 쌓아간다.

아이가 가진 이 최초의 능력을 제대로 키워주려면 무엇보다 대상들을 잘 선택해야 한다. 아이가 인식할 수 있는 대상들을 끊임없이 제시하면서 아직 몰라도 좋은 대상들은 신중하게 감추는 것이 중요하다. 이런 방법으로 일생에 걸쳐 그의 처신에 유용할 지식의 창고를 만들어주어야 한다. 이 방법은 올곧고 건장하며 육체와 이해력이 건전한 인간, 어려서는 칭찬받지 못하더라도 성인이 되어서는 존경을 받는 인간을 만들어낼 것이다.

아이를 어른이 만든 지식들로 가득 찬 책 속에 가두지 말라. 어린 시절의 지나친 독서는 오히려 아이에게 재앙이 될수 있다. 충분히 이해하지 못하는 책은 아이를 불행하게 만드는 가장 큰 도구다. 아이의 필독서로 여겨지는 우화집조차 그러하다. 아이는 어른이 전달하려는 관념이나 도덕으로 그것을 이해하지 못하기 때문이다. 독서를 어른의 마음에 드는 수단으로 이용하면서 아는 척하는 법을 배우기라도 한다면 독서는 교육을 망치는 수단이 될 것이다.

독서를 통해 읽기를 가르치는 것도 불필요하다. 사람들은 읽기를 배우는 최선의 방법을 찾아내는 일을 대단히 중요하게 여긴다. 독서뿐 아니라 글자 맞추기 상자나 낱말 카드를 통해 되도록 빨리 글자를 습득하게 하려고 애를 쓰지만, 이는 어리석은 짓이다. 글자를 습득하는 가장 효과적이고 확실한 수단은, 사람들이 늘 잊고 있지만 글자를 배우고 싶은 욕구다. 아이에게 글자를 가르치려 하지 말고 글자의 유용함과 문맹의 불편함을 체험하게 하여 배우고 싶은 욕구를 갖게 하라. 당장의 필요와 이득, 이것이 확실하게 지속적으로 아이의 교육을 성공으로 이끄는 유일한, 그리고 위대한 원동력이다.

20 아이를 현명한 사람으로 키우고 싶으면
   먼저 건강하게 만들라

자라나는 신체의 사지는 옷 속에서 넉넉하게 움직일 수 있
어야 한다. 그들의 움직임이나 성장을 방해하는 것이 있어
서는 안 되며 너무 꼭 맞거나 몸에 달라붙는 것도 안 된다.
가장 수수하고 가장 편안하고 아이를 가장 덜 구속하는 것
이 아이에게 가장 값진 옷이다. 아이의 신체와 정신의 결함
은 거의 모두 동일한 원인에서 비롯된다. 바로 때가 되기 전
에 아이를 어른으로 만들려는 모든 시도들이다.

어린아이는 어른보다 작으며 힘도, 이성도 어른만 못하
다. 그러나 어른만큼은 아니더라도 거의 그 정도로 보고 들
을 수는 있다. 덜 섬세할지라도 꽤 예민한 미각과 후각을 가
지고 있다. 인간에게서 가장 먼저 형성되고 완성되는 능력
은 감각이다. 우리는 배운 대로만 만지고 보고 들을 줄 안
다. 먼저 이 감각들을 제대로 훈련시켜야 한다.

판단에는 영향을 주지 않고 신체를 건강하게 만드는 데만 소용되는 순전히 자연적이고 기계적인 훈련이 있다. 수영, 달리기, 높이뛰기, 팽이치기, 돌 던지기 등이다. 하지만 주로 사지를 사용하는 이런 훈련에도 감각이 동원된다. 단순히 힘만 단련시키지 말고 힘을 이끌어가는 모든 감각들도 함께 훈련시키도록 하라. 각각의 감각을 최대한 사용해보게 하고, 한 감각의 느낌을 다른 감각이 검토해보게 하라. 측정하고 세어보고 무게를 달고 비교해보고 저항력을 평가한 후 힘을 사용하게 한다면, 아이가 자신의 모든 운동 결과를 예측하고 경험을 통해 잘못을 바로잡는 습관을 들여준다면, 아이는 활동을 많이 할수록 더욱 정확한 판단력을 가지게 될 것이다.

감각적인 존재는 활동을 함에 따라 자신의 힘에 맞는 분별력을 획득한다. 자기 보존의 필요를 초과하여 힘을 가질 때라야 그 여분의 힘을 다른 용도에 사용할 수 있는 사변적 능력이 발달한다. 그러므로 아이의 지능을 키워줄 생각이라면 먼저 지능이 다스려야 할 힘을 길러주라. 지속적으로 그의 신체를 단련시켜라. 아이를 현명하고 합리적인 사람으로 만들려면 먼저 그를 튼튼하고 건강하게 만들라. 일하고 행동하고 달리고 소리 지르고 언제나 움직이게 하여 기력만큼은 어른과 맞먹게 하라. 그러면 그는 곧 이성에서도 어른이 될 것이다.

21 늘 권위에 복종하는 아이는
이성을 쓸모없게 생각한다

부모가 아이에게 늘 가라, 오라, 거기 있어라, 이렇게 해라,
그렇게 하지 말라와 같은 말만 한다면, 아이를 바보로 만들
고 말 것이다. 부모의 머리가 늘 아이의 팔을 잡고 인도하
니, 아이의 머리가 쓸모없는 것이 되어버리기 때문이다.

　모든 면에서 가르침을 주는 권위에 언제나 복종하는 아
이는 오로지 그 권위의 말에 따라서만 행동한다. 늘 권위에
복종하는 아이는 이성을 쓸모없는 것으로 여기게 된다. 그
는 배가 고파도 먹지 못하고 즐거워도 웃지 못하며 슬퍼도
울지 못하고 이 손 대신 다른 손을 내밀지도 못한다. 이런
아이는 누군가 그렇게 명령을 내릴 때에만 움직이며 심지
어 자신의 감정조차 확신하지 못하여 점점 무표정해진다.
스스로 다른 사람과 공감하거나 소통하는 능력을 갖지 못
하는 일종의 장애인이 되는 것이다.

부모가 아이 대신 모든 것을 생각해주는데, 아이가 무엇을 생각하기를 바라는가? 부모의 돌봄에 완전히 마음을 놓고 있는데 아이가 뭔가를 예측할 필요가 있겠는가? 부모가 자신의 보존과 안위를 책임지고 있다는 사실을 아는 아이는 자신이 그런 걱정을 할 필요가 없다고 느낀다. 그의 판단력은 전적으로 부모의 판단력에 의지한다. 부모가 자기를 위해 하늘을 바라보고 있다는 것을 알고 있는데, 비가 올지 예측하는 법을 배울 필요가 있겠는가? 약간의 이성마저 쓸모없는 일에 쓰게 함으로써 아이에게 이성의 신용만 떨어뜨리게 된다.

아이는 결국 이성이 무엇에 소용되는지 알지 못하여 이성을 쓸모없는 것이라고 판단해버릴 것이다. 추론을 잘못한다 해도 그에게 일어날 수 있는 최악의 사태는 꾸중을 듣는 것일 텐데, 그런 일은 너무도 자주 일어나므로 별로 개의치도 않는다. 이렇게 자란 아이는 자신이 직접 뭔가를 감당해야 하는 상황에 처하거나 어떤 어려운 결정을 내려야 할 때가 되면 자신이 누구보다 우둔하고 어리석다는 것을 알게 될 것이다.

22 최고의 교육은 아무것도 하지 않으면서 모든 것을 다하는 것이다

아이가 스스로를 선생이라고 생각하게 만들라. 그러면서 언제나 부모가 선생이어야 한다. 교육자가 갖추어야 할 최고 기술은 교훈 없이 가르치고 아무것도 하지 않으면서 모든 것을 다하는 것이다.

자연의 질서에 따라 교육을 받은 아이는 자신과 직접 관련된 모든 것에서 자신이 판단하고 예측하고 추론하고 싶어 한다. 그런 아이는 떠벌리지 않고 행동하며, 세상에서 일어나는 일에 대해서는 아직 아무것도 모르지만 자신에게 적합하고 필요한 일은 언제나 잘 알고 그것을 행동에 옮긴다. 그는 움직이고 행동하기 때문에 많은 것을 관찰하고 많은 결과들을 안다. 그리하여 사람과 자연 모두에서 교훈을 얻을 수 있다. 어디서도 아이를 가르치려는 의도를 발견할 수 없는 만큼 그는 더욱 잘 배우게 될 것이며, 그 결과 신체와 정신이 동시에 단련될 것이다. 언제나 자기 생각대로 행동하여 신체 활동과 정신 작용이 계속해서 결합되기 때문이다. 몸이 강해지고 튼튼해질수록 그의 지각과 판단력 또한 더욱 커질 것이다.

자신의 명령에 고분고분 따르는 아이를 잘 지도하고 있다고 생각한다면 그것은 오산이다. 아이는 부모에게서 자신의 마음에 드는 것을 얻어내기 위해 부모가 자신에게 요구하는 것을 이용할 뿐이다. 교환 조건을 내걸고 아이와 약속을 한다면 그것은 언제나 아이의 변덕에 유리한 쪽으로 변하기 마련이다. 교환 조건으로 부과된 약속을 완수하든 안 하든, 얻어낼 수 있다고 확신하는 것을 아이에게 이익이라고 서툴게 조작한다면 특히 더 그렇다. 아이가 부모의 머릿속을 훨씬 더 잘 읽게 되어 있다. 왜냐하면 아이는 자기 몸을 보전하는 데만 전념하게 되어 있는데, 거기에 사용할 통찰력을 부모의 구속으로부터 자유를 얻는 데 온전히 사용하기 때문이다.

아이가 부모의 불편한 구속과 지배를 피하느라 잔꾀를 부리게 하지 말라. 그 대신 자신을 둘러싸고 있는 모든 것에서 자신의 행복에 가장 이로운 방법을 찾아내는 데 전념하게 하라. 이것이 아이에게 최대 이득이어야 한다. 그렇게 함으로써 아이는 자기에게 적합한 일만 하고 곧 자기가 해야 할 일에만 몰두하게 될 것이다. 아이는 이성을 훨씬 잘, 그리고 훨씬 더 자기에게 적합한 방식으로 발휘할 것이다. 무엇보다 쓸데없이 제약을 받지 않기 때문에 아이가 부모를 불신하지도 않고 자신을 숨기려 하지도 않으며 거짓말을 하지도 않을 것이다. 이것이 아무것도 하지 않으면서, 다시 말해 아무것도 가르치지 않으면서 모든 것을 다 이루는 교육의 기술이다.

23 감각을 단련하는 것은 그것을 통해 판단하는 법을 배우는 것이다

최초의 자연스러운 인간의 움직임은 주변에 있는 모든 것들과 비교하며 자기 능력을 측정하고, 자신이 지각하는 대상 하나하나에서 자신과 관련된 감각적 특징 모두를 시험해보는 것이다. 따라서 인간의 첫 공부는 자신을 보존하는 일과 관련된 일종의 실험 물리학이다. 신체 기관들이 섬세하고 유연하여 아직 조정될 수 있는 기간이, 그리고 아직 순수한 감각들이 환상에서 벗어나 있는 이 시기가 그 기관들고유의 기능에 따라 하나하나를 훈련시켜야 할 때다. 또한사물들이 우리와 맺는 감각적인 관계들을 인식하는 법을배우는 것도 이 시기다.

인간의 이해력 속으로 들어오는 모든 것은 감각을 통한것이므로 인간의 최초 이성은 감각적 이성이다. 바로 이것이 지적인 이성의 토대가 된다. 우리의 첫 번째 철학 선생은 우리의 발과 손, 그리고 눈이다. 이 모든 것을 책으로 대체하는 것은 스스로 추론하는 법을 가르치지 않고 다른 사람의 이성을 사용하도록 가르치는 셈이 된다. 말하자면 많은 것을 믿도록, 그러나 결코 아무것도 알지 못하도록 가르치는 것이다.

감각을 단련하는 것은 단지 그것을 사용하는 것만이 아니라 그것들을 통해 제대로 판단하는 법을 배우는 것이다. 예를 들어 한밤중에 어떤 건물 안에 갇혀 있다면 손바닥을 쳐보라. 그러면 그곳의 울림을 통해 공간이 넓은지 좁은지, 한가운데 있는지 구석에 있는지 알 수 있을 것이다. 벽에서 어느 정도 떨어졌는가에 따라 주변이 막힌 정도, 또 공기의 반사 정도가 달라서 얼굴에 닿는 공기의 느낌이 다르다. 가만히 있다가 사방으로 몸을 돌려보라. 문이 열려 있다면 공기의 가벼운 흐름이 그 문의 방향을 가리켜줄 것이다. 이런 종류의 관찰은 밤에만 제대로 이루어질 수 있다. 낮에는 아무리 주의를 기울이려 해도 시각의 도움이나 방해를 받기 때문이다. 이런 방식으로 촉각을 통해 얼마나 많은 시각적 인식을 얻을 수 있는가!

밤놀이를 많이 하라. 이 제안은 보기보다 중요하다. 두려움은 우리를 둘러싸고 있는 사물들과 우리 주변에서 일어나고 있는 일에 대한 무지 때문에 생겨난다. 밤은 낮에는 없는 두려움의 원인을 언제나 가지고 있다. 나를 보존하려는 배려가 불러일으킨 경계심이 두려움의 원인들을 제공한다. 나를 안심시켜줄 모든 것들이 나의 이성 속에 들어 있다고 믿기 때문이다. 그런데 밤에는 더 강한 본능이 이성과 전혀 다른 말을 하는 것을 알 수 있다.

습관은 상상력을 죽인다. 상상력을 일깨우는 것은 새로운 대상들뿐이다. 매일 보는 사물들에 반응하는 것은 상상력이 아니라 기억력이다. 열정 또한 습관에서 생겨나지 않는다. 고된 생활, 불편한 생활을 체험하고 거기에 익숙해지게 만들라. 이 또한 습관의 지배에서 벗어나는 방법이다. 안락한 생활은 한없는 불쾌감을 만들어내지만, 고된 생활은 일단 익숙해지기만 하면 유쾌한 감각을 배가시킨다.

제3권

12세에서 15세까지

인간의 나약함은 힘과 욕구의 불균형에서 비롯된다. 우리를 나약하게 만드는 것은
바로 우리의 과도한 정념이다. 힘을 무한히 늘릴 수 없다면 욕망을 줄여야 한다.
그것은 곧 힘을 늘리는 것과 같은 효과를 갖는다. 이 시기의 아이는 인간으로서는
나약할지 모르지만 아이로서는 매우 강하다. 아직 욕구가 다 표출되지 않아서
아이는 현재의 힘으로 자신의 욕구들을 충분히 충족시킬 수 있기 때문이다.
욕망하는 것 이상을 할 수 있는 여분의 힘이 있는 것이다.

이는 일생 중 가장 중요하고 단 한 번밖에 오지 않는 아주 짧은 시기다.

이 시기의 활용이 인생에서 매우 중요한 만큼 더욱 짧게 여겨진다.

지적 이성이 발달하는 이 시기에는 관찰과 경험, 실험을 통한 공부가 필요하다.

01   우리에게 유용한 지식만 가르쳐라

습득한 것을 진정 제 것으로 만들기 위해 그것을 저장해둘 곳은 바로 자신의 신체와 정신, 즉 자기 자신이다. 이 시기가 일과 학습과 공부를 통해 저장해둘 것을 마련해야 할 때다. 어떤 것을 저장해둘지 선택하는 것은 인간이 아니라 자연이다. 이 시기의 교육 또한 자연의 질서에 따라야 한다.

인간의 지능에는 한계가 있다. 인간은 모든 것을 알 수 없을 뿐 아니라, 다른 사람들이 알고 있는 얼마 안 되는 지식조차 완벽하게 알 수 없다. 진리의 수는 오류의 수만큼 무진장하다. 우리의 능력이 닿는 지식들 가운데에는 거짓되고 쓸모없는 것들도 많다. 또 어떤 것들은 그 지식을 가진 자의 오만함을 부추기는 데 소용될 뿐이다. 연구할 만한 가치가 있는 것은 실제로 우리의 행복에 기여할 수 있는 약간의 지식들뿐이다. 따라서 가르쳐야 할 것을 선택하는 일은 배우는 데 적합한 시기를 선택하는 것만큼 중요하다. 존재하는 모든 지식이 아니라 오직 우리에게 유용한 지식을 알아야 한다.

이해력이 완성되어야 제대로 이해할 수 있는 진리들은 제외해야 한다. 인간관계에 대한 지식을 전제로 하는 것들인데, 이 시기의 아이도 아직 그런 진리를 이해할 수 없다. 또한 아무리 진리라 하더라도 아직 경험이 없는 미숙한 정신이 다른 주제들에 대해 그릇된 사고를 할 수 있는 그런 진리도 제외해야 한다.

무지가 악을 저지르는 것이 아니고 오류만이 재난을 초래한다는 사실을 기억하라. 또한 모르기 때문이 아니라 안다고 생각하는 것 때문에 길을 잃고 헤맨다는 사실도 기억하라.

02 이 시기의 원동력은 호기심이다.
아이가 틀리더라도 내버려두라

이제는 성장하려고 애쓰던 신체 활동에 배우려는 정신 활동이 이어진다. 그저 움직이기만 하다가 이제부터 차츰차츰 호기심이 생겨난다. 이 호기심이야말로 이 시기의 원동력이다. 호기심은 인간이 가진 행복의 욕구에서 생겨난다. 인간은 행복의 욕구를 타고나지만 이 욕망을 완전히 충족시키기란 불가능하므로, 끊임없이 행복을 위한 새로운 수단을 추구한다. 이것이 바로 호기심의 최초 원리다. 호기심은 인간에게 지극히 자연스러운 것이다. 이 시기의 교육은 타고난 호기심에 따라 저절로 관심을 갖게 되는 지식들에 국한해야 한다.

아이는 아직 나약하고 부족한 상태에서 자신을 보존하려는 본능적인 배려로 자기 자신에게만 집중한다. 반면 능력과 힘이 증가하면 존재를 확장시키려는 욕구에 의해 가능한 한 멀리 밖으로 자신을 한껏 분출시키려 든다. 그러나 지성의 세계는 아직 아이에게 미지의 것이어서 아이의 사유는 눈보다 멀리 가지 못하며 이해력 또한 눈이 가닿는 공간 정도로만 확장된다.

이때가 아이의 감각을 관념으로 변형시킬 적기다. 그러나 감각적인 대상에서 지적인 대상으로 단번에 뛰어넘어서는 안 된다. 정신의 첫 작용을 일깨우고 안내하는 것은 언제나 감각이어야 한다. 세상이 책이며 사물이 가르침이다. 자연의 교육을 따르라. 일찍 글자를 익혀서 읽을 줄 알게 된 아이는 생각은 하지 않고 읽기만 한다. 아무것도 배우지 못하고 단어만 배우는 것이다.

아이가 자연현상에 관심을 갖도록 유도만 한다면 아이는 곧 호기심을 발동시킬 것이다. 호기심을 더 많이 갖게 하려면 결코 서둘러 호기심을 충족시켜주지 말라. 아이의 이해력이 미치는 범위 내에서 문제를 내주고, 그가 혼자서 문제를 해결하게 내버려두라. 무엇이든, 당신이 그에게 말해주었기 때문이 아니라 그가 스스로 이해했기 때문에 알게 하라. 지식을 배우지 않고 아이가 스스로 지식을 창안하게 만들라. 당신의 권위가 아이의 이성을 대체하면 아이는 더 이상 추론하지 않고, 다른 사람들의 생각과 평가의 노리개가 될 것이다. 인간의 자연적인 호기심에서 생기는 지식욕과, 유식하다는 평가를 받고 싶은 욕구에서 기인한 지식욕은 구분해야 한다.

아이가 스스로 생각하고 깨우쳐서 지식을 얻을 때까지 기다려라. 자기 안에서 모든 도구를 끌어내는 습관이 든 아이는 자신이 부족하다는 것을 깨닫는 경우가 아니면 결코 다른 사람에게 의지하지 않을 것이다. 새로운 대상을 볼 때마다 아무 말 없이 그것을 오랫동안 관찰하고 검토할 것이다.

당신이 할 일은 적절한 시기에 아이에게 적절한 대상을 제시하는 것이다. 그런 다음 아이가 충분히 호기심을 가지면, 그가 문제를 해결할 수 있는 길로 들어설 수 있도록 간단한 질문을 하라. 아이에게 아무런 의미도 없는 설명과 감동을 늘어놓아서는 절대로 안 된다. 아이가 질문을 하더라도 바로 답을 주지 말고 그가 충분히 혼자 생각하도록 내버려두라. 아이가 부모에게 던진 질문에 대해 숙고하리라는 것을 확신하라. 사물을 직접 보여주는 것이 불가능한 경우가 아니라면 사물을 기호로 대체하지 말라. 기호가 아이의 주의력을 빼앗아 그것이 표상하는 사물을 잊게 하기 때문이다.

  설령 아이가 틀리더라도 하는 대로 그냥 내버려두고 서둘러 잘못을 고쳐주지 말라. 아이가 스스로 잘못을 알고 고칠 수 있을 때까지 말없이 기다려주라. 적당한 기회에 최소한의 책략만 써서 아이가 잘못을 깨달을 수 있게 해주는 것으로 충분하다. 한 번도 틀리지 않는다면 아이는 제대로 배울 수 없다. 아이가 알아야 할 것은 자기 나라의 지도가 아니라 지형을 알아내어 지도를 그리는 방법이다. 지도가 무엇을 표현하는지 이해하고 지도를 제작하는 기술에 대해 명확한 개념만 가지고 있다면, 머릿속에 지도가 들어 있는지는 별로 문제가 되지 않는다.

03 진리를 알려주는 것보다 편견을 갖지 않게 하는 것이 더 중요하다

앞으로 인생에서 활용해야 할 것이 너무도 많은 이 평온한 지성의 시기는 너무나 빨리 지나가버린다. 폭풍과 같은 정념이 다가오고 있음을, 그 정념이 문을 두드리기만 하면 아이가 곧 거기에만 몰두하리라는 것을 언제나 염두에 두어야 한다. 이 중요한 시기에 아이에게 많은 지식을 주입하느라 시간을 허비해서도 안 된다.

학문의 세계는 바닥을 모르고 경계도 없는 암초로 가득한 바다와도 같다. 아이에게 많은 것을 가르치려 하지 말고, 아이의 머릿속에 옳고 명백한 관념들만 심어주도록 유의해야 한다. 설령 아이가 아무것도 모른다 하더라도, 잘못 생각하지만 않는다면 문제될 것이 없다. 아이를 오류로부터 지켜주어야 할 때에만 아이에게 그것이 오류임을 밝히고 진리를 말해주라. 아이에게 학문을 가르치려 들지 말고 학문을 사랑할 수 있는 취향을 갖게 하라. 이성과 판단력은 천천히 오고 편견은 무리 지어 달려온다. 진리를 알려주는 것보다 편견과 오류로부터 아이를 지켜주는 것이 더 중요하다.

동일한 대상에 지속적으로 관심을 기울이는 습관을 길러주라. 그러나 그것이 강제여서는 안 되고 언제나 아이가 원해서여야 한다. 집중이 아이를 짓눌러 그가 싫증을 내지 않도록 각별히 조심해야 한다. 늘 주의 깊게 살펴서 아이가 지겨워하기 전에 그만두라. 아이가 알고 싶어서 질문하는 대신 허튼소리를 해대며 어리석은 질문으로 부모를 괴롭히기 시작한다면, 그것은 아이가 더 이상 집중하지 않는다는 증거다. 자신의 질문으로 부모를 굴복시키는 데만 관심이 있는 것이니 즉시 응답을 멈추고 화제를 돌려야 한다.

04 아이가 쓸 도구를 최소화하라

놀이를 하든 공부를 하든, 도구는 가급적 최소한만 사용하는 것이 좋다. 감각의 정확성을 보완하도록 만들어진 수많은 도구들은 감각의 단련을 게을리하게 할 뿐이다. 도구가 정교해질수록 인간의 사지와 감각기관들은 더욱 엉성하고 서툴러진다. 너무 많은 도구들을 모아놓은 탓에 더 이상 자신의 신체가 제공하는 도구를 찾아내지 못하기 때문이다.

도구를 없애라. 그러면 아이는 도구 없이 지내기 위해 통찰력을 최대한 동원하여 직접 필요한 도구들을 만들려 할 것이다. 이것은 아무것도 잃지 않으면서 큰 이득을 얻는 방식이다. 신체 능력을 무디게 하지 않으면서 정신을 더욱 창의적으로 만들 수 있기 때문이다. 아이를 책에만 붙들어두지 말고, 일거리를 주어 작업장에서 많은 시간을 보내게 하라. 아이의 손이 아이의 정신을 위해 일할 것이다.

아이의 지능이 발달함에 따라 더욱 신중하게 아이가 할 일을 정해주어야 한다. 아이가 행복이 무엇인지를 이해할 수 있을 만큼 자기 자신을 알게 되면, 또 자신에게 적합한 것과 그렇지 않은 것을 판단할 수 있을 만큼 자기를 벗어나 확대된 관계들을 파악할 수 있게 되면, 그때부터 아이는 노동과 오락의 차이를 깨닫고 오락을 노동의 휴식으로 여길 수 있게 될 것이다. 이때부터는 재미보다는 유용한 대상들을 아이의 공부에 포함시키는 것이 좋다. 아이가 단순한 놀이에 기울였던 것보다 더 지속적으로 몰두하고 열의를 가질 수 있기 때문이다.

자연의 법칙은 인간에게 더 큰 고통을 피하기 위해 필요하다면 마음에 들지 않는 일도 해야 한다는 가르침을 일찍부터 주었다. 이것이 앞을 내다보는 선견지명의 용도다. 이 용도를 제대로 사용할 줄 알면 지혜를 얻겠지만, 잘못 사용한다면 불행해질 것이다.

05 아이에게는
   아이 나름의 행복이 있다

모든 인간은 행복하기를 원한다. 하지만 행복해지기 위해
서는 행복이 무엇인지 아는 데서 시작해야 한다. 자연인의
행복은 그의 생활만큼 단순하여 고통스럽지만 않으면 된
다. 건강과 자유, 생활필수품만 있으면 그는 행복할 것이다.
아이는 사회 상태에서 살고 있지만 아직 허영심이 일깨워
지지 않아 세상의 평판이 끼치는 해로움에 노출되어 있지
않다. 그런 아이의 흥미를 끌 수 있는 것은 순전히 물리적인
대상들뿐임을 언제나 기억하라. 아이는 도덕적 질서와 사
회의 관습에서 기인하는 모든 것을 아직 이해할 수 없다. 그
러니 아이에게 그러한 것들을 제시하는 것은 적절하지 못
하다. 행복에 대한 어른의 관념을 아이에게 강요하지 말라.
　어른이 되면 너의 행복에 반드시 득이 될 것이라고 아이
에게 아무리 말해도, 아이는 아직 그 이득이 무엇인지 이해

할 수 없기 때문에 전혀 관심을 가질 수 없다. 그런 것에 아이가 전념하기를 요구하는 것은 어리석은 일이다. 아이의 이해력이 닿는 범위 안에서 아이가 유용성을 잘 느낄 수 있는 대상에 한하여 시간을 사용하도록 지도하라.

부모는 아이에게 "내가 너에게 요구하는 것은 모두 너를 위한 것이야. 하지만 너는 그것을 알지 못하지. 내가 요구하는 것을 네가 하든 말든 나와는 아무 상관없어. 네가 공부하는 것은 오로지 너를 위해서다"라고 말하면서 이 모든 훌륭한 말들이 아이를 현명하게 만든다고 생각할 것이다. 오산이다. 그런 말들은 아이에게서 인간의 가장 보편적 도구인 의식을 빼앗아 그를 늘 남의 손에 끌려다니게 하며 그에 따라 움직이는 기계에 불과하도록 길들인다. 아이가 부모의 말을 유순하게 따르기를 바라는 것은 아이가 어른이 되어 귀가 얇고 잘 속는 사람이 되기를 바라는 것과 같다.

아이는 어른이 되기 위해 태어났음을 알고 있다. 그러니 아이가 어른의 상태에 대해 가지게 되는 모든 관념은 곧 교육의 기회가 된다. 그러나 아이의 이해력이 미치지 않는 어른의 상태에 대해서는 완전히 무지한 상태로 있는 것이 좋다.

06 아이의 질문에 답하기 전에 질문의 동기부터 물어보라

아이가 유용성의 개념을 이해하게 되면 부모는 아이를 지도하는 데에 또 하나의 중요한 열쇠를 갖게 된다. 아이에게서 유용성은 제 나이와 관련된 의미만 지닌다. 이는 곧 아이가 그 유용성과 현재 자기 행복이 맺는 관계를 명백하게 알게 되었음을 의미한다. 따라서 유용하다는 말은 아이에게 강한 인상을 줄 것이다. 그러나 이 어휘와 관련하여 아이가 납득할 수 있는 관념을 제시하지 않거나, 유용한 것을 늘 다른 사람이 대신 마련해주어 유용성에 대해 스스로 생각해볼 필요가 없는 아이는 이 말에 강한 인상을 받지 못할 것이다. 후자의 경우 부모는 아이를 호기심도 욕구도 열정도 없는 아이로 만들 것이다.

유용한 것 외에 아무것도 알고 싶어 하지 않도록 배운 아이는 소크라테스처럼 질문한다. 당신이 언제나 질문의 동기를 먼저 묻는다는 것을 아이가 알게 되면, 아이는 질문을 하기 전에 반드시 스스로 그 질문의 동기를 생각해볼 것이다. "이것이 무엇에 필요하지?"

아이가 배워야 할 것을 당신이 먼저 제시하지 않는 것이 좋다. 배워야 할 것을 원하고 찾아보고 발견하는 것은 아이가 해야 할 일이다. 당신이 할 일은 그것을 아이의 힘이 미치는 곳에 두어 그 욕구가 교묘하게 생겨나게 만들고 이어서 욕구를 만족시킬 수 있는 수단을 제공하는 것이다. 아이에게 질문을 자주 하는 것보다 질문을 잘 선택하는 것이 중요하다. 당신의 질문보다 아이가 당신에게 할 질문이 훨씬 많을 것이므로, 당신의 의견을 곧바로 드러내기보다 언제나 다음과 같은 질문으로 아이의 생각을 끌어내라. "네가 묻고 있는 것은 어떤 점에서 알아두면 유용하지?"

아이가 자신이 배우는 것과 그것의 용도를 잘 이해하고만 있다면 무엇을 배우는지는 그다지 중요하지 않다. 부모의 말을 아이가 이해하는 데 도움이 될 설명이 필요 없어지면 즉시 어떤 설명도 덧붙이지 않는 편이 좋다. 또한 부모가 아이에게 제시한 논거 중 그를 이해시킬 수 없는 부분이 조금이라도 있다면, 부모에게 있지 않은 잘못조차 시인하는 것이 좋다. "너에게 해줄 좋은 대답이 없구나. 내가 틀렸나 보다. 넘어가자."

만약 부모의 가르침이 실제로 빗나갔다면 그 문제는 완전히 버려도 좋다. 만약 그런 경우가 아니라면 아이가 그것의 유용성을 깨달을 수 있는 또 다른 기회를 곧 발견하게 될 것이다. 그리고 부모가 아이의 마음속에 늘 명료하게 비쳐서 아이가 부모를 의심하는 일은 절대로 없을 것이다.

07 이해하지 못하는 것보다
이해한다고 생각하는 것이 더 큰 문제다

말로 하는 설명이 효과를 내는 경우는 별로 없다. 아이는 말에 주의를 기울이지 않기 때문에 그 말 대부분을 기억하지 못한다. 사물들! 오로지 사물들이다! 우리는 말에 지나친 힘을 부여한다. 수다스러운 교육은 수다쟁이만 만들어낸다. 아이가 질문을 해올 때 온갖 현학적인 지식을 늘어놓으며 거창한 학문의 개념을 가르치고 아이에게 그것을 배우고 싶은 욕망까지 불어넣어주려 한다면, 아이는 단 하나의 개념도 제대로 이해하지 못하면서 들은 것을 억지로 이해하는 척할 것이다. 그리고 전처럼 순진하게 질문할 엄두도 내지 못하고 이해하지도 못하는 개념들만 늘어놓으려 할 것이다. 부모가 하는 말에 집중하지 않고 달아나 장난을 치거나 혼자 다른 짓을 하는 아이는 제 나이에 맞는 지극히 정상적인 이해력과 순박함을 가지고 있다고 확신하라.

말로 하는 교육에는 자연과 사물을 통한 교육이 반드시 수반되어야 한다. 주제가 무엇이든 아이의 능력에 맞는 증거를 반드시 제시해야 한다. 이해하지 못하는 것보다 자신이 이해한다고 생각해버리는 것이 더 큰 문제이기 때문이다. 연계를 알아차리지 못하는 인과관계, 생각해본 적도 없는 선과 악, 결코 느껴본 적 없는 욕구는 아이에게 아무것도 아니다. 아이가 보고도 아무것도 발견할 수 없는 것은 절대로 보여주지 말라. 아이가 그것의 유용성을 알아볼 수 있는 것에 대해서만 말로 설명을 보태도록 하라.

루소가 유용성의 원칙에 따라 에밀에게 태양의 운행과 방향을 가늠하는 법을 가르치는 예를 보자. 에밀과 선생인 루소는 몽모랑시Montmorency 북쪽에 있는 숲의 위치를 관측하기로 한다. 그때 아이가 성가신 질문으로 선생을 가로막는다. "이런 것이 무슨 소용이 있어요?" 루소가 말한다. "그점에 대해 좀 생각을 해봐야겠다. 만약 이런 공부가 아무짝에도 쓸모없다는 사실을 발견하게 되면 다시는 이런 공부는 하지 말자." 그리고 다음 날 아침 식사 전에 아이와 함께 산책을 하러 집을 나선다. 아이를 데리고 들판의 초원을 지나 숲을 오르다가 길을 잃고 헤매게 된다. 배도 고프고 지친 아이는 서둘러 돌아가려 하지만 현재 위치를 알아볼 수 있는 지표라곤 아무것도 없다. 그때 선생은 에밀에게 전날 도시의 북쪽에 숲이 있다고 말한 사실을 환기시키며 태양의 위치와 그림자의 방향으로 스스로 남쪽을 발견하도록 유도한다. 그 방법을 통해 몽모랑시 도시를 발견한 에밀은 기뻐하며 "천문학도 어디 쓰일 데가 있군요"라고 말한다. 에밀은 스스로 그 학문이 무엇에 유용한지를 깨달은 것이다. 이 깨달음은 선생이 아이에게 말로 줄 수 있는 것이 아니다.

제대로 준비된 두뇌야말로 가장 확실하게 지식이 새겨지는 건축물이다. 그 건축물을 짓는 일이 교육이다.

08 아이를 분별 있는 사람으로 키우려면
   아이의 판단력을 키워주라

우리는 흔히 아이에게 사회의 편견을 심어주면서 그것이
사회에서 살아가기 위해 필요한 지혜라고 말한다. 이러한
견해는, 인간 사회에서 인간의 가장 중요한 도구는 인간이
고 따라서 가장 현명한 자는 이 인간이라는 도구를 가장 잘
사용하는 자라는 논리를 내세운다. 그러나 일찍부터 사회
의 선입견과 편견을 알고 따르도록 가르치는 것은 아이를
남들의 평판에 매여 사는 노예로 만들 뿐이다.

　아직 사람들이 생각하는 것이 참인지 거짓인지 모를 시
기에 사람들이 무슨 생각을 하는지 아는 것은 아이에게 해
롭다. 아이에게 어른들의 견해를 가르치기 전에 먼저 그것
을 판단하는 법부터 가르쳐야 한다. 어리석은 광기를 세상
이치라 여기는 것이 광기를 제대로 아는 것인가. 현명해지
기 위해서는 현명하지 못한 것을 구별할 줄 알아야 한다. 아

이가 사람들의 판단에 대해 스스로 판단할 줄 모르고 사람들의 잘못을 분별할 줄 모른다면, 어떻게 현명해질 수 있겠는가.

우선 사물들이 그 자체로 무엇인지를 가르치고 그다음에 우리 눈에 그 사물들이 어떻게 비치는지 가르쳐주라. 이 시기까지 아이는 유용성, 안전, 자기 보존, 자신의 안락함과 사물들이 맺는 뚜렷한 관계를 통해서 자연의 모든 사물과 인간의 노동을 평가해야 한다. 그에게는 철이 금보다, 유리가 다이아몬드보다 훨씬 더 값어치가 큰 것이어야 한다. 이런 방식으로 아이는 세상 평판과 진리를 비교할 줄 알게 될 것이다. 편견부터 받아들이면 편견을 알아보지 못한다. 대중의 평판을 불가피한 처세라고 가르치는 데서 시작하면 이후로 어떤 방법을 쓰더라도 세상의 평판이 곧 그의 견해가 되어버릴 것이다. 허영심에 맞서 싸우겠다는 생각으로 또 다른 허영심을 만들어내서는 안 된다. 편견을 극복했다고 뽐내는 것 또한 편견에 굴복하는 것이다.

아이가 이치를 따지기 시작하면 달리기를 할 때조차 적수니 경쟁상대니 하는 말을 결코 해서는 안 된다. 질투나 허영심을 통해서만 배울 수 있는 것은 차라리 배우지 않는 편이 훨씬 낫다. 아이가 점점 진보하는 것을 기록해두고 그것들을 비교하라. 이렇게 하면 누구도 시기하지 않으면서 아이를 북돋울 수 있다. 그는 자신을 넘어서려 할 것이고 또 당연히 그래야 한다. 아이가 자기 자신과 경쟁한다고 해서 곤란할 일은 전혀 없다.

09 어떤 운명에 놓이든
인간으로 남는 사람이 행복하다

인간이 만들어낸 모든 것은 인간에 의해 파괴될 수 있다. 자연이 새겨놓은 글자들 외에 지울 수 없는 글자란 없으며, 자연은 군주도 부자도 귀족도 만들지 않는다. 당신이 오로지 부귀영화에 적합하도록 가르친 아이가 가난하고 비천한 처지로 떨어진다면, 그는 무엇을 할 수 있겠는가. 자기 자신을 활용할 줄도 모르고 자기 존재를 자기 존재와 무관한 것들에게만 내맡기는 어리석은 그가 모든 것을 잃는다면 무엇을 할 수 있겠는가.

자기의 운명을 무릅쓰고 오로지 인간으로 남아 있을 줄 아는 사람만이 행복할 수 있다. 권력에 의해서만 존재하고 돈에 의해서만 존재하는 사람은 권력과 돈이 없어지면 아무것도 아니게 된다. 하지만 권력이나 돈을 잃어도 그것 없이 지낼 수 있는 사람은 왕좌나 황금보다 더 높은 곳에, 즉 인간의 신분으로 올라간다. 자기 자신 외에 그 무엇에도 빚지지 않은 그는 운명을 이기고 운명에 과감히 맞설 수 있다.

10 사회 속에서 인간은 누구나 서로에게 모든 것을 빚지고 있다

인간이고 시민인 자는 누구든 간에 자기 자신 외에 사회에 내놓을 다른 재산을 갖고 있지 않다. 그가 가진 다른 모든 재산은 그가 뭐라 하든 사회의 것이다. 따라서 누군가 부자라면, 그는 돈을 쓰지 않아서 자신의 부를 즐기지 못하거나, 돈을 써서 대중 역시 그 부를 함께 누리게 하거나 두 경우중 하나일 것이다. 그런데 첫 번째 경우 그가 쓰지 않은 돈은 남들에게서 훔친 것이 되고, 두 번째 경우 그는 남들에게 아무것도 주지 않는 셈이 된다. 따라서 부자가 자신의 재산만으로 보답하는 경우, 사회에 진 빚은 그에게 고스란히 남는다.

부자인 아버지가 그 재산을 벌면서 사회에 봉사했다면 아버지는 사회에 진 자신의 빚을 갚은 것이지 아들의 빚을 미리 대신 갚아준 것이 아니다. 사회 속에서 인간은 누구나 서로에게 모든 것을 빚지고 있으므로 자기 몫의 값을 치를 수 있을 뿐이다. 따라서 아무리 부유한 아버지라도, 어떤 아버지도 다른 사람들에게 쓸모없는 인간이 될 권리를 아들에게 넘겨줄 수는 없다.

11 아이의 재능과 취미를 확인하려면
세심하게 관찰하라

인간에게 생계를 마련해줄 수 있는 온갖 직업들 가운데 그를 자연 상태에 가장 근접하게 하는 직업은 손을 도구로 삼는 노동이다. 그런 의미에서 농업은 인간에게 으뜸가는 일이다. 그것은 인간이 행할 수 있는 가장 정직하고 가장 유용하며 따라서 가장 고귀한 직업이다. 누구나 농업을 배울 필요는 없지만 그래도 농업에 관해 알고 있는 것은 매우 유용하다. 가장 먼저 시작하고 끊임없이 다시 되돌아가는 곳이 바로 농사일이다. 땅을 경작하라. 그러나 땅을 잃거나 가지고 있지 않다면 무엇을 할 것인가? 직업을 배워라.

유용한 직업을 택하는 것만으로는 충분하지 않다. 그 직업이 그 일을 하는 사람에게 인간성과 양립할 수 없는 가증스러운 정신적 자질을 요구해서는 안 된다. 따라서 괜찮은 직업을 가져야 한다. 하지만 쓸모가 없이 괜찮은 직업은 없다는 사실을 언제나 기억하라.

아이 앞에 자연과 기술직업의 생산물들을 펼쳐놓고 하나하나 살펴보게 하라. 호기심에 자극을 받아 끌려가는 아이를 뒤쫓아 가다보면 그 아이의 취미와 기질과 성향을 연구할 수 있다. 아울러 그에게 타고난 어떤 재능이 있다면 그 최초의 불꽃이 반짝이는 것을 볼 수 있을 것이다. 하지만 부모가 경계해야 할 잘못은 우연한 결과를 열의에 찬 재능으로 여기고, 무엇에 소용되는지 모르면서 자신이 본 것을 무의식적으로 모방하는 아이의 성향을 이런저런 기술에 대한 명백한 소질로 간주하는 것이다.

어떤 일을 좋아하는 것과 그 일에 적합한 것 사이에는 차이가 있다. 아이가 드러내는 욕망을 보고 그것을 아이의 재능과 취미라고 단정하면 아이의 진짜 소질을 알아보지 못하기 쉽다. 아이는 소질보다는 욕망을 훨씬 더 드러낸다. 아이의 진정한 재능과 취미를 확인하기 위해서는 생각보다 더 세심한 관찰이 필요하다. 이 과정에서 직업에 관한 편견을 심어주지 않도록 주의해야 한다.

12 아이가 농부처럼 일하고 철학자처럼 사고하게 하라

아이가 사회의 편견과 평판에 무관심하다면, 다시 말해 아직 허영심이 생기지 않았다면 경계해야 할 것은 게으름이다. 신체를 단련하고 직접 자기 손으로 일하는 습관을 갖게 하라. 반성과 명상에 대한 취미를 갖게 하라. 미개인의 게으름을 갖지 않으려면 아이는 농부처럼 일하고 철학자처럼 사고해야 한다. 신체 훈련과 정신 훈련이 항상 서로의 휴식이 될 수 있게 하는 것, 이것이 교육의 중요한 비결이다.

관념을 형성시키는 방식이 곧 개개인의 정신에 특성을 부여한다. 오로지 실제 관계에 근거하여 개념을 형성한 정신만 견고하다. 겉으로 드러난 관계에 만족하는 정신은 피상적이다. 관계를 있는 그대로 보는 정신은 올바르다. 관계를 잘못 평가하는 정신은 그릇되다. 실재도 없고 보이지도 않는 상상의 관계들을 마음대로 날조하는 정신은 어리석다. 비교하지 않는 정신은 아둔하다. 관념들을 비교하고 연관관계를 찾아내는 재능의 크고 작음에 따라 재치와 재기가 결정된다.

교육의 목표는 지식을 주는 것이 아니라 필요할 때 지식을 습득하는 법을 가르치고 그 지식이 갖는 가치를 정확히 평가하여 무엇보다 진리를 사랑하게 만드는 것이다.

제4권

15세에서 20세까지

인간은 두 번 태어난다. 한 번은 존재하기 위해서이고 또 한 번은 살기 위해서다. 처음에는 인간으로, 다음에는 남성이나 여성으로 태어난다. 15세에서 20세, 이때가 제2의 탄생이 이루어지는 시기다. 이는 자연이 정해둔 시기로서 이 위기의 순간은 상당히 짧지만 이후 지속적으로 인생에 영향을 미친다.

인간이 자신을 육체적인 존재를 통해서만 아는 시기에는 사물들과 맺고 있는 관계를 통해 자신을 연구했다. 그러나 자신을 정신적인 존재로서 느끼기 시작하면 그는 인간들과 맺고 있는 관계를 통해 자신을 연구해야 한다. 이 시기부터 인간은 진정으로 인생에 눈을 뜨며, 인간적인 어떤 것도 그와 무관하지 않게 된다. 통상적인 교육이 끝나는 이 시기야말로 인간의 교육이 시작되어야 하는 시기다.

인간을 완성시키기 위해 이제 남은 일은 사랑하고 느낄 수 있는 존재를 만드는 일, 다시 말해 감정에 의해 이성을 완성시키는 것이다.

01 아이는 자기애를 통해
     남들을 사랑한다

아이에게 생기는 최초의 감정은 자기애다. 그 최초의 감정에서 파생되는 두 번째 감정은 자기에게 접근하는 사람들을 사랑하는 것이다.

사람은 각자 자기를 보존할 임무를 지고 있으므로, 가장 중요한 임무는 끊임없이 자기 보존에 주의를 기울이는 것이고 또 그래야만 한다. 우리는 자기를 보존하기 위해 자기를 사랑해야 하며 그 무엇보다도 자신을 사랑해야 한다. 그리고 바로 그런 감정의 직접적 결과로서 우리는 우리를 보호해주는 것을 사랑한다. 아이는 자기에게 젖을 먹이는 사람에게 애착을 갖는다. 이 애착은 순전히 무의식적이다. 자신의 안락함에 유리하게 작용하는 것은 그의 마음을 끌며, 해로운 것은 그를 불쾌하게 한다. 이는 맹목적인 본능일 뿐이다. 그런데 우리에게 해를 끼치려 하거나 도움을 주려는 의도가 드러날 때, 이 의도는 본능을 감정으로, 다시 말해 애착을 사랑으로, 불쾌감을 증오로 변형시킨다.

동력에 따라서만 움직이는 무감각한 존재들에게 우리는 감정이나 열정을 갖지 않는다. 어떤 사람의 내면의 성향과 의지에 비추어 이익이나 손해를 예측할 때, 그리고 그가 나를 위하거나 해치려는 마음을 먹고 행동하는 것을 볼 때 우리는 그가 우리에게 보이는 감정과 유사한 감정을 갖게 된다. 아이는 자기에게 도움되는 것을 찾으며, 자기에게 도움을 주려는 의도를 느끼면 그것을 사랑한다. 자기에게 해로운 것은 피하며, 자기에게 해를 끼치려는 의도를 느끼면 그것을 증오한다. 왜냐하면 아이는 자신이 처한 나약한 상태에서 자기가 받는 도움과 배려를 통해서만 사람을 인식하기 때문이다.

처음에 아이가 자신을 돌봐주는 유모와 보모에 대해 갖는 애착은 단지 습관에 불과하다. 아이는 그들이 필요하고 그들이 있으면 편안하기 때문에 그들을 찾는다. 이는 그들에게 호의를 갖기보다는 그들을 익숙하게 알고 있기 때문에 그러하다. 그들이 자기에게 도움이 될 뿐 아니라 도움이 되고 싶어 한다는 것을 이해하기까지는 오랜 시간이 걸리는데, 아이가 그들을 사랑하기 시작하는 것은 바로 그때부터다. 그래서 아이는 자연스럽게 호의를 갖는 성향을 지니게 된다. 자기에게 접근하는 모든 것이 자신을 도와주려 한다는 것을 알고, 이러한 경험으로부터 인류에 대해 호의적인 감정을 갖는 습관이 생겨난다. 이런 의미에서 자기애는 항상 선하고 언제나 질서에 일치한다.

02 자기애는 만족할 수 있지만
이기심은 결코 만족할 수 없다

인간이 갖는 정념들은 인간의 보존을 위한 주요한 도구다.
정념은 본래 자연적이다. 그러나 외부로부터 들어오는 수
많은 지류들이 그 원천을 불어나게 한다. 그것은 계속 불어
나는 강과도 같다. 자연적인 정념은 매우 제한되어 있다. 그
것은 우리의 자유를 위한 도구이고 우리의 보존을 지향한
다. 따라서 그것을 파괴하려 드는 것은 헛된 시도일 뿐 아니
라 자연을 방해하는 일이다.

정념의 원천, 다른 모든 정념의 기원이자 근원이며 인
간과 함께 태어나 그가 살아 있는 한 그를 결코 떠나지 않
는 유일한 정념은 자기애다. 그것은 원초적이며 선천적이
고 다른 모든 정념에 앞서는 정념으로서, 어떤 의미에서 다
른 모든 정념은 그것의 변형에 지나지 않는다. 이런 의미에
서 본다면 모든 정념은 자연적이라고 할 수도 있다. 그러나

변형된 정념의 대부분은 외부적인 원인을 가지는 것으로서 그 원인이 없었다면 결코 생겨나지 않았을 것들이다. 우리 위에 군림하고 우리를 파괴시키는 모든 정념은 외부로부터 우리에게 온 것이다. 그리고 변형된 정념은 최초의 목표를 바꾸어서 그 원칙에 역행하는 만큼 우리에게 유익하기는커녕 오히려 해롭다. 바로 그때 인간은 자연을 벗어나 자기와 모순된 상태에 놓이게 된다.

차츰 관계의 폭이 넓어지고 욕구가 많아짐에 따라 아이의 적극적인 또는 수동적인 의존 상태도 확대된다. 그와 함께 아이가 자연적으로 갖게 된 인류에 대한 호의적인 성향도 다양해져서 관계에 대한 감정, 의무감, 좋고 싫은 감정이 생겨난다. 아이가 심술을 부리고 질투를 하고 거짓말을 하거나 복수심을 느끼는 시기가 이때다. 복종을 강요당하면 아이는 자신이 받은 명령이 무슨 소용이 있는지 모르면서 상대가 자신을 괴롭히려는 악의를 가졌다고 여기며 반항심을 가지고 엇나가려 든다. 여기서 자기애는 이기심과 구별된다.

자신에게만 관계되는 자기애는 진정한 욕구가 충족되면 만족한다. 하지만 자기를 다른 사람과 비교하는 이기심은 결코 만족하지 못하고 만족할 수도 없다. 왜냐하면 이기심은 다른 사람들보다 자기를 더 좋아하는 데서 더 나아가 다른 사람들이 그들 자신보다 자기를 더 좋아해줄 것을 요구하는데, 이는 불가능하기 때문이다. 이로부터 온화하고 다정한 정념은 자기애에서 생겨나고, 남을 미워하고 걸핏하면 화를 잘 내는 정념은 이기심에서 생겨난다는 결론이 나온다.

자기 보존을 위한 배려인 본능과 인간관계에서 생겨나는 인위적인 욕구는 전혀 다른 것이다. 욕구를 많이 갖지 않고 자기를 다른 사람과 자주 비교하지 않을 때 인간은 본질적으로 선량하다. 반면, 욕구가 많아지고 그 때문에 남들의 평판에 지나치게 집착하게 될 때 인간은 본질적으로 사악해진다.

03 사랑하는 존재가 되기 위해서는
       시간과 지식이 필요하다

남성이 여성에게, 여성이 남성에게 이끌리는 것은 자연의
섭리다. 사랑이 맹목적이라고 하지만, 그것은 사랑이 우리
보다 더 눈이 밝아서 우리가 알아차리지 못하는 관계를 꿰
뚫어보기 때문이다. 미덕과 아름다움에 대해 어떤 관념도
없는 남자가 있다면 그에게는 아무 여자든 다 괜찮아서 누
구든 처음 본 여자가 언제나 가장 사랑스러워 보일 것이다.
싫고 좋음에 따라 한 사람을 선택하여 사랑하는 것은 지식
과 선입견과 습관의 산물이다. 사랑은 이성理性의 선택이다.
비교하고 판단한 후에 더 좋아하는 사람을 선택하고 사랑
하기 때문이다.

　판단은 자기도 모르는 사이에 이루어지지만, 어쨌든 판
단은 분명 존재한다. 진정한 사랑은 언제나 사람들의 숭배
를 받는다. 사랑의 격정으로 제정신을 잃고, 사랑 때문에 혐

오스러운 성격이 없어지기는커녕 오히려 더 강화된다 하더라도, 사랑의 감정은 항상 존경할 만한 품성을 전제로 생겨나기 때문이다. 그렇지 않다면 어떤 한 사람에게 사랑을 느낄 수 없을 것이다. 사랑할 수 있는 존재가 되기 위해서는 시간과 지식이 필요하다.

사랑은 자연에서 나온 것이 아니라 오히려 자연의 성향을 규제하고 그것에 제동을 거는 감정이다. 왜냐하면 사랑은 상호적이어야 하는데, 자신도 사랑받기 위해서는 다른 누구보다 자신이 더 사랑받을 만한 존재가 되어야 하기 때문이다. 자기 또래의 다른 사람들에게 최초로 시선을 돌려 그들과 자신을 비교하고 경쟁심과 적대 관계와 질투심이 생겨나는 것은 이 때문이다. 사랑과 함께 불화와 적대감과 증오도 생겨난다.

이 격렬한 정념들을 어떻게 지도해야 할 것인가? 자연이 하는 교육은 더디게 진행되는 반면, 인간이 하는 교육은 거의 언제나 시기를 앞당겨 이루어진다. 전자의 경우에는 감각이 상상력을 일깨우지만, 후자의 경우에는 상상력이 감각을 일깨워 그것을 때 이르게 활동하게 만든다. 확실한 사실은 일반적으로 사춘기와 성적 능력이 더 문명화된 민족에게서 언제나 더 빨리 나타난다는 것이다. 정념을 타락이나 악덕으로 이끄는 것은 상상력이 빚어내는 잘못된 감정과 판단이다.

이 시기에 폭발하는 정념들에 질서와 규칙을 부여하고자 한다면, 정념이 발달해가는 기간을 최대한 연장시켜 그것들을 정리할 수 있는 시간을 가져야 한다. 인간이 성을 의식하게 되는 시기가 자연의 작용뿐 아니라 교육의 효과에 따라서도 달라진다면, 그 시기를 앞당길 수도 있고 늦출 수도 있을 것이다. 이 진행 과정을 앞당기느냐 늦추느냐에 따라 신체는 더 튼실해지거나 더 허약해질 수 있다. 그 시기를 늦추려 노력할수록 청년은 더욱 많은 원기와 힘을 비축할 수 있다. 그렇게 유지하는 동안 인간이 아니라 자연 자체가 그 정념들에 질서를 부여할 것이다.

04 최초로 욕망을 느끼는 시기를
    최대한 늦춰라

최초의 욕망이 분출하기에 앞서 불안정한 기분이 오랫동안
지속되는 것은 일반적인 현상이다. 피가 끓어오르는 이 시
기에는 씩씩한 기상과 진취적인 정신이 형성되고 저마다
각자의 기질이 형성된다. 아직 대상이 무엇인지 알지도 못
하면서 욕망을 느끼고, 주체할 수 없을 정도로 풍부해진 생
명력은 넘쳐흐를 듯하며 눈은 생기를 띤다. 주변 사람들에
게 관심을 갖기 시작하면서 인간은 혼자 살아가도록 만들
어지지 않았음을 느낀다. 그리하여 인간의 애정에 마음이
열리고 다른 사람에게 애착을 가질 수 있게 된다.

그러나 자유롭지만 아직 격렬하고 조급하다. 막연히 행
복을 갈망하는 마음으로 불안하게 행복을 찾다가 관능에
속아 자칫 행복의 헛된 환영에 사로잡혀 그것을 행복이라
믿는 오류를 범하기 쉽다. 성적인 충동을 느끼기 시작하고

그 격정에 휩싸이게 되는 시기를 최대한 늦추는 것이 좋다. 거기에 탐닉하고 방탕해지기 시작하면 심신이 돌이킬 수 없게 훼손되어 버리기 때문이다. 이 시기를 가능한 한 연장하여 그동안 신체 발달을 완성시켜라.

이 시기에 성에 대한 무지 상태를 연장시킬 수 있으면 막 생겨나기 시작한 감성을 인간애의 첫 씨를 뿌리는 데 이용할 수 있다는 또 다른 이점이 있다. 일반적으로 관능에 빠질 능력이 생기자마자 그것을 발휘하기 시작한 사람들보다, 젊은 시절 너무 이른 타락으로부터 보호받은 사람들에게서 더욱 풍부한 영혼의 활력을 볼 수 있다.

이른 타락을 방지하는 방법은 단 하나다. 그가 스스로 자신의 행동에 책임지게 만들라. 잘못에서 생겨나는 뜻밖의 사고로부터 그를 보호해주어야 하지만, 그를 둘러싸고 있는 위험 또한 숨김없이 보여주라. 지금까지는 그의 관능에 대한 무지를 통해 그를 제어했다면, 이제는 그의 깨달음을 통해 그를 제어해야 한다. 알아야만 하는 이상 그가 그것을 다른 사람에게서 또는 스스로 남몰래 배우기보다 당신을 통해 배우게 하라.

이 시기의 불같은 격정을 다른 방향으로 유도하도록 노

력하라. 맥 빠진 설교를 늘어놓고 이해시키지도 못하면서 엄한 규칙만 지키라고 명령한다면, 아직 성인이 아닌 그는 거기서 자신을 괴롭히려는 사람의 변덕과 미움만 볼 것이다. 그 권위 때문에 억제해야 할 악덕을 조장하게 된다면 그 권위의 유지가 무슨 의미가 있는가.

상상력을 통해 감성이 자신의 존재 밖으로 확장될 때에야 비로소 아이는 감정을 갖게 되고 이어서 선악 관념도 가질 수 있다. 또 상상력이 활동을 시작하면서 아이는 본능적인 애착 관계에서 벗어나 자기와 동류인 인간의 존재를 알게 된다. 비로소 그는 인간으로서 자신을 발견하면서 진정한 인간이 되고 인류를 구성하는 일원으로서 첫발을 내딛는 것이다. 이 시기는 인류와 관련하여 집중적인 관찰이 필요한 최초 지점으로서, 아이가 이성異性에 앞서 인류와 먼저 관계를 맺을 수 있는 적기이기도 하다. 불같은 정념을 올바르게 사용하려면 개인의 측면 못지않게 인류의 측면에서 인간들이 맺는 올바른 관계를 먼저 지각해야 한다.

05 우리가 나약하다는 사실이 인류애를 낳는다

인간을 사회적 존재로 만드는 것은 인간의 나약함이다. 인간의 마음을 인류애로 이끌어가는 것은 우리가 공유하는 비참함이다. 인간이 아니라면 우리는 인류애를 가져야 할 의무가 전혀 없을 것이다. 애착이란 모두 부족함의 표시다. 우리 각자가 다른 사람들을 전혀 필요로 하지 않는다면, 그들과 어울리려는 생각조차 하지 않을 것이다. 절대적인 행복을 향유할 수 있는 존재는 스스로 완전한 신뿐이다. 인간과 같이 불완전한 존재가 홀로 있다면 그는 외롭고 불행할 것이다. 아무것도 필요로 하지 않는 사람이 무엇을 사랑할 수 있을까? 어떤 것도 사랑하지 않는 사람이 행복할 수 있을까? 그렇다고 생각하지 않는다. 우리의 나약함 자체에서 한순간 스쳐가는 우리의 덧없는 행복이 생겨난다.

　결과적으로 우리가 동류인 인간들에 대해 애착을 갖는

것은 그들의 즐거움보다는 그들의 고통을 느낄 수 있기 때문이다. 고통에서 인간의 본성이 동일하다는 것, 그리고 그들도 나에게 틀림없이 애착을 가질 것이라는 사실이 훨씬 더 잘 드러나기 때문이다. 인간에게 공통된 욕구는 우리를 이해관계로 결합시키지만, 인간에게 공통된 비참함은 우리를 애정으로 결합시킨다.

행복한 사람의 모습은 애정보다 부러워하는 마음을 불러일으킨다. 그리고 이기심이 그가 우리를 전혀 필요로 하지 않는다는 것을 느끼게 함으로써, 한층 더 괴로워진다. 행복한 사람의 모습은 그를 부러워하는 사람에게 행복한 사람의 입장이 되게 하기보다 자신이 그런 처지에 있지 못하다는 회한을 갖게 하기 때문이다. 그러나 불행한 사람이 괴로워하는 것을 보고 동정하지 않는 사람이 어디 있는가? 만약 그 사람을 불행한 처지에서 구해내기 위해선 그럴 마음만 먹으면 된다면, 그렇게 하기를 원치 않는 사람이 또 어디 있겠는가? 우리의 상상력은 행복한 사람의 입장보다는 오히려 비참한 사람의 처지에 감정 이입하게 한다. 동정심은 감미롭다. 왜냐하면 괴로워하는 사람의 입장이 되어보면서도 자신이 그 사람처럼 괴롭지 않다는 안도감을 느낄 수 있기 때문이다.

따라서 아이의 마음에 생기는 감성의 첫 움직임에 자극을 주어 그것을 키워나가려면, 또 그의 성격을 친절과 선행 쪽으로 이끌어가려면, 사람들이 누리는 덧없는 행복을 보여주지 말라. 그것은 질투와 허영심을 키울 뿐이다. 그가 상류사회를 그 자체로 판단할 수 있을 때까지 아이에게 상류사회의 외관을 보여주지 않는 것이 좋다. 그가 인간을 알기 전에 상류사회를 보여주는 것은 그에게 세상을 가르치는 것이 아니다. 덧없는 행복의 허상으로 그를 속이고 타락시키는 일이다.

아이가 갖는 최초의 동정심을 어떤 방식으로 불러일으켜서 유도하는가에 따라 아이는 커서 인간이 될 수도 있고 괴물이 될 수도 있다.

06 동정심을 자극하고
키워주라

인간은 본래 왕이나 귀족도 아니고 고관이나 부자도 아니다. 모든 사람은 알몸으로 가난하게 태어나 인생의 비참함, 슬픔, 불행, 결핍, 그리고 온갖 종류의 피할 수 없는 고통을 겪으며 결국 죽을 운명에 놓인다. 이것이야말로 인간의 참모습이며, 어떤 인간도 거기서 예외일 수 없다. 그러므로 인간의 본성을 연구한다면 그것과 결코 분리될 수 없는 것, 인간성을 이루는 가장 기본적인 구성 요소들부터 연구해야한다.

아직 다른 사람의 느낌을 조금도 상상하지 못하는 아이는 자기 고통밖에 모른다. 그러나 처음으로 감성이 발달하여 마음속에서 상상의 불길이 타오르면, 그는 동류의 인간들 속에서 자신을 느끼고 그들의 한탄에 마음이 움직이며 그들의 고통으로 괴로워하기 시작한다. 최초의 동정심은 이렇게 생성된다.

동정심은 자연의 질서에 따라 사람의 마음을 움직이는 최초의 상대적 감정이다. 감정과 동정심을 갖게 되면 아이는 자신과 같은 사람들이 있고, 자신이 괴로워했던 것을 그들도 괴로워하고, 자신이 느꼈던 고통이나 짐작할 수 있는 또 다른 고통들을 그들도 느낀다는 사실을 알게 된다. 이 최초의 감성을 자극하고 키워나가기 위해서는 그가 자기 존재를 팽창시켜 다른 존재까지 확장할 수 있는 대상, 자기 바깥의 모든 곳에서 자기를 다시 발견하게 만들 수 있는 대상들을 제공해주어야 한다.

반면, 그를 위축시키고 안으로 억눌러 인간의 자아가 갖는 확산력을 감소시키는 대상들은 멀리하게 해야 한다. 다시 말해 그의 내면에 있는 선량함, 인류애, 자비, 친절 등 자연적으로 사람의 마음을 만족시키는 매력적이고 즐거운 모든 정념들은 부추기고, 선망이나 탐욕, 미움 등 불쾌하고 잔인한 정념들이 생겨나는 것을 방지해야 한다. 후자의 정념들은 감성을 무가치한 것으로 만드는 데 그치지 않고 부정적인 것으로 만들어 그것을 느끼는 사람에게 고통을 준다.

07 고통을 겪어본 자만이
고통받는 자를 동정할 수 있다

"내가 불행한 사람을 도울 줄 아는 것은 불행을 알고 있기 때문이다"라고 고대 로마의 시인 베르길리우스Vergilius는 말했다. 인간은 자기보다 더 행복한 사람의 편에서 생각할 수 없다. 자기보다 더 동정을 받아야 하는 사람의 처지에 설 수 있을 뿐이다. 아이를 인간애에 의해 행복을 느낄 수 있는 사람으로 만들고 싶다면, 화려한 운명이 초래하는 비참한 측면을 직시하게 하여 그것을 막연히 찬미하는 대신 그 화려함을 경계할 수 있게 해주는 것이 좋다.

사람은 자기도 똑같은 고통을 겪을 수 있다고 생각하지 않으면 다른 사람의 고통을 결코 동정하지 않는다. 불행한 사람의 고통이나 불쌍한 사람의 고단함을 보고 그것을 느끼게 하라. 불행한 사람들의 운명이 자신의 운명이 될지도 모른다는 것, 그들의 모든 불행이 바로 자신의 앞에도 있다는 것, 또 예측할 수도 없고 피할 수도 없는 수많은 일들이 언제든지 자신을 불행한 상태에 빠뜨릴 수도 있다는 것을 아이에게 이해시켜야 한다. 운명의 온갖 흥망성쇠를 보여주어 가문이나 건강, 부귀도 믿을 만한 것이 못 된다는 사실을 알게 하라. 인간이라면 누구나 빠질 수 있는 위험들을 상상하게 하여 그것들을 두려워하게 하라. 그렇게 해서 다른 사람의 고통을 동정하고 이해하려 하지 않는다면 그는 결코 인간이 될 수 없다.

다른 사람에게 동정심을 느낄 수 있는 아이는 세상의 광경이 슬퍼 보인다 해도 자신이 그 많은 불행에서 벗어나 있다는 사실을 깨달으며 자신은 행복한 사람이라고 느낀다. 그러면서 자신의 동류인 다른 인간들의 고통을 나누어 가지려 한다. 이는 자발적이고 유쾌한 일이다. 그들의 고통에 대해 자신이 갖게 된 동정심에 만족하는 동시에 자신은 그 고통에서 벗어나 있다는 행복을 향유하기 때문이다. 그가 느끼는 행복은 자신을 확장시켜 자기 행복을 위해 쓰고 남은 힘을 다른 사람에게 쏟을 수 있는 그런 상태에 자신이 놓여 있음을 인지하는 데서 온다.

다른 사람의 고통을 동정하려면 분명 그 고통을 알아야

겠지만 자신이 그 고통을 겪고 있어서는 안 된다. 자신이 괴로워하고 있는 동안에는 오직 자기 자신만 동정하기 때문이다. 사람은 고통을 겪어본 적이 있고 그 고통을 또 겪게 될까 두려워할 때 고통스러워하는 사람을 동정할 수 있다. 현재 자신에게는 필요하지 않은 인정을 다른 사람에게 베푸는 것이 동정이라면, 동정은 매우 유쾌한 감정일 것이라는 결론이 나온다. 동정은 나 자신이 유리한 상태에 있음을 입증해주기 때문이다. 따라서 인정이 없는 사람은 언제나 불행할 것이다. 왜냐하면 다른 사람의 고통에 베풀 수 있는 인정의 여유가 전혀 없기 때문에 동정심이 주는 행복감을 느낄 수 없기 때문이다. 그 누구도 인생의 괴로움을 면제받을 수는 없다.

08 아이 앞에서
인간을 모욕하지 마라

인류를 구성하는 것은 민중이다. 민중이 아닌 사람은 극히 소수이므로 그들은 고려할 필요도 없다. 사람은 어떤 신분에 있든 동등한 인간이다. 그렇다면 가장 많은 사람들이 속해 있는 신분이 가장 존경을 받아 마땅하다. 판단력이 있는 사람은 비천한 사람에게서든 저명한 사람에게서든 똑같은 정념과 감정을 본다. 그가 거기서 차이를 본다면 그들이 사용하는 말이 서로 다를 뿐이고 그나마 그것도 화려한 수식이 많은가 적은가 정도일 뿐이다.

민중은 있는 그대로 자기를 드러내 보인다. 사실 사랑스럽지는 않다. 그러나 상류사회의 사람들이 있는 그대로 자기를 드러내 보인다면 더 혐오감을 줄 것이 분명하다. 그래서 그들은 변장을 해야만 한다.

이른바 현자들은 부자의 괴로움을 열거하고 그가 누리

는 허무한 쾌락이 덧없음을 보여준다. 그런데 부자의 괴로 움은 그 신분에서 생겨나는 것이 아니라, 부자라는 신분을 오용하는 특정 사람에게서 생겨난 것이다. 그가 가난한 사 람보다 더 불행하다 해도 그는 조금도 가엾을 것이 없다. 왜 냐하면 그의 불행은 모두 자기 탓이고 행복해지는 것도 그 자신에게 달려 있기 때문이다.

그러나 가난한 사람의 고통은 세상사로부터, 그를 무겁 게 짓누르는 가혹한 운명에서 비롯된 것이다. 뛰어난 정신 과 지혜도 그가 놓인 처지에서 생기는 괴로움을 모면케 하 는 데 별다른 도움이 되지 못한다. 흔히 어리석다고 하는 민 중이 분별력이 있다 한들 지금과 같은 신분제 사회에서 다 를 것이 무엇이 있겠으며 지금 하고 있는 일과 다른 일을 할 수 있겠는가. 가장 고귀한 신분이 비천한 신분으로 떨어질 수 있는 혁명*실제로 1789년 프랑스 혁명이 발생했다 이 다가오고 있다.

당신이 속해 있는 인류를 존중하라. 인류는 본질적으 로 다수의 민중으로 구성되어 있다. 설령 왕이나 철학자들 *18세기에는 학자와 지식인, 문인들을 철학자라 불렀다 모두를 인류에서 제 외한다 하더라도 그것은 별로 눈에 띄지도 않고, 또 그 때문 에 상황이 더 나빠지지도 않을 것이다. 아이가 어떤 계급에도 속하지 않으면서 동시에 모든 계급에 속할 수 있게 하라.

아이에게 인간에 대해 말할 때는 결코 경멸적으로 말하지 말고 반드시 감동 또는 연민을 가지고 말하라. 인간이여, 절대로 인간을 모욕해서는 안 된다. 여기에 개인적인 이해관계를 섞지 말아야 한다. 특히 허영심, 경쟁심, 명예심 등 우리를 다른 사람들과 비교하게 만드는 감정들은 결코 없어야 한다. 왜냐하면 그렇게 비교하는 마음은 이기심에 의한 것일 뿐인데도 경쟁자들에 대한 미움의 느낌이 반드시 수반되기 때문이다. 이 위험한 정념들이 언젠가 결국은 생겨난다 하더라도 모든 것에는 적당한 시기와 장소가 있다. 결코 그러한 정념들이 생겨나도록 먼저 조장해서는 안 된다.

09 우리는 행복을 지나치게 겉모습으로 판단한다

향락에 수반되는 쾌락과 활기는 행복의 매우 모호한 표시에 불과하다. 향락을 추구하는 쾌활한 사람은 단지 사람들의 마음을 다른 데로 돌리려고 애쓰는 불행한 사람일 경우가 많다. 사교계에서 인기 있는 사람은 자신을 가면 뒤에 완전히 숨기고 있기가 쉽다. 그는 자신의 내면에 머무르는 일이 별로 없기 때문에 늘 자기 자신에게 낯선 존재로서 살아간다. 부득이 자기 내면으로 돌아가야 하면 오히려 불편을 느낄 것이다. 그에게는 자기가 진정으로 어떤 존재인지는 아무 의미가 없고, 남들에게 어떻게 보이느냐가 전부다. 그런 사람은 행복이 전혀 없는 곳에 행복이 있다고 착각하며, 행복이 있을 수 없는 곳에서 행복을 찾는다.

수많은 오락이 처음에는 행복에 기여하는 것처럼 보인다. 또한 단조롭고 한결같은 생활은 언뜻 보기에 권태로운 듯하다. 하지만 자세히 보면 오히려 그와 반대로 영혼의 가장 유쾌한 상태는 향락의 절제에 있음을 알 수 있다. 향락의 절제는 욕망과 싫증을 거의 일으키지 않기 때문이다. 욕망의 불안정성은 쓸데없는 호기심과 변덕을 낳으며 소란스런 향락의 공허함은 권태를 낳는다.

흔히 사람의 외모는 이미 자연이 정해둔 윤곽이 발달한 것에 불과하다고 말한다. 그러나 그러한 발달과 더불어 사람의 얼굴은 영혼이 어떤 감정들을 습관적으로 자주 느끼느냐에 따라 서서히 형성되며 틀을 갖추게 된다. 이 감정들은 얼굴에 뚜렷이 나타나기 마련이다. 이보다 더 확실한 것도 없다. 이것이 습관이 되면 얼굴에 영속적인 인상을 남기게 된다. 그렇기 때문에 용모는 곧 그 사람의 성격을 나타낸다. 또한 우리에게 없는 지식을 전제하는 신비로운 설명을 구태여 하지 않더라도, 용모를 통해 성격을 판단할 수 있다.

10 인간을 독립적이고 자유롭게 만드는 것은
마음의 절제다

이 시기에는 인간의 자연 상태와 사회 상태의 차이를 알고 인간이 본래 선하다는 확신을 가짐으로써 이를 토대로 다른 사람을 직접 판단할 수 있는 능력을 키워주어야 한다. 이는 인간을 통해 사회를, 사회를 통해 인간을 연구하는 데서 출발한다.

모든 인간은 평등하다. 그러나 자연 상태의 평등과 사회 상태의 평등은 다르다. 자연 상태에서는 인간들 사이의 차이가 한 사람을 다른 사람에게 종속시킬 정도로 클 수 없다. 그렇기 때문에 자연 상태에는 실제적이고 파괴할 수 없는 사실상의 평등이 존재한다. 반면, 사회 상태에 존재하는 법적인 평등은 비실제적이고 근거가 미미하다. 현재 사회에 존재하는 온갖 악들이 그것을 입증한다. 평등을 유지하기 위한 수단으로 만들어진 법은 오히려 평등을 파괴하는 데 이용된다. 또한 국가를 관리하도록 권력자에게 부여한 공권력은 약자를 억압하는 데 이용된다. 그 결과 자연이 인간들 사이에 확립해놓은 모종의 균형을 깨뜨렸다. 언제나 다수는 소수를 위해 희생되고, 공공의 이익은 특정 개인의 이익을 위해 희생되며, 정의니 복종이니 하는 그럴싸한 말들은 폭력을 위한 도구 또는 부정을 저지르기 위한 무기로 사용된다. 애초에 불평등에 근거한 법이 자연의 질서를 대체했기 때문이다. 그리하여 사회는 인간들을 타락시키고 왜곡시켜왔다. 사회에 만연한 악은 인간의 타락한 본성 때문이 아니라 잘못된 법에 기초한 사회가 양산해온 편견에서 비롯된 것이다. 사회 상태의 이러한 본질을 이해할 때 사회의 편견과 평판에 예속된 인간의 겉모습과 참모습을 구분할 수 있다. 정치와 도덕을 분리하여 다루려는 사람은 둘 중 어느 하나도 전혀 이해하지 못할 것이다.

지금까지 자기 자신만을 바라보았던 아이는 이 시기부터 자신의 동류인 인간들에게 시선을 돌리고 자신을 그들과 비교하기 시작한다. 이러한 비교가 그의 마음에 일으키는 최초의 감정은 자신이 가장 높은 자리에 오르고 싶다는 열망이다. 바로 이 지점에서 자기애는 이기심으로 변한다.

그리고 비교에 기인하는 모든 정념들이 생겨나기 시작한다. 그의 성격을 지배하는 정념이 친절과 동정심이 될지 선망과 탐욕이 될지를 결정하는 시기가 이때다. 그것을 결정하기 위해서는 그가 사람들 사이에서 어떤 자리에 있어야 하는지, 또 그 자리에 도달하려면 어떤 장애들을 극복해야 하는지 알아야 한다.

인간의 쓸데없는 욕망을 육체의 본능적 욕구와 혼동하여 육체적 욕구를 인간 사회의 기초로 생각하는 것은 결과를 원인이라 착각하고 온갖 의미 없는 추론 속에서 길을 잃고 헤매게 만드는 것이다. 인간은 자신이 원하는 사람이 되어 원하는 삶을 살기 위해서 무엇보다 독립적이고 자유로워야 한다. 그런데 인간을 독립적이고 자유롭게 만드는 것은 강한 힘보다 마음의 절제다. 탐욕을 부리지 않고 대단한 것을 원하지 않는 사람은 남들에게 거의 의존하지 않기 때문이다.

11 이 시기에 필요한 학문은 역사다

훈계와 권위를 내세우지 않고, 또 아이의 심성을 손상시키지 않고, 인간 마음의 본성과 함께 우리의 성향을 악덕으로 만드는 외적 원인들의 작용 과정을 알려주고자 한다면 먼저 인간을 멀리서 보게 하라. 이때 필요한 것이 역사 공부다. 철학의 가르침을 배우지 않고도 역사를 통해 사람의 마음을 읽을 수 있기 때문이다. 아이는 역사를 통해 단순한 관객으로서 이해관계나 정념을 가지지 않고, 공범도 고발인도 아닌 재판관 자격으로서 인간의 마음을 보게 될 것이다.

인간을 알기 위해서는 그가 행동하는 것을 보아야 한다. 우리는 주변에서 사람들이 하는 말을 주로 듣게 되는데, 대부분의 사람들은 자기의 말은 드러내면서 행동은 숨기려 든다. 그러나 역사에서는 인간의 행동이 폭로되어 있기 때문에 우리는 그들을 행위에 의해 판단할 수 있다. 여기에 그들이 한 말도 도움을 준다. 그들이 행하는 바와 말하는 바를 비교해보면, 있는 그대로의 그들의 실상과 그들이 겉으로 보이고 싶어 한 모습을 동시에 볼 수 있다. 그들이 자신을 가장하려 할수록 그들을 더 잘 알게 된다.

이때 중요한 것은 공정하게 판단할 수 있는 관점을 확보하는 것이다. 역사의 큰 결점들 중 하나는 역사란 인간을 좋은 측면보다 나쁜 측면에서 훨씬 더 많이 묘사한다는 것이다. 역사는 혁명이나 대격변이 일어나는 시기에만 관심을 집중한다. 그래서 어떤 국민이 평화로운 통치 아래 아무 일도 없이 성장하고 번영하는 시기에 대해서는 별로 말하지 않는 경향이 있다. 역사는 어떤 국민이 내리막길로 접어들었을 때에만 그 국민을 조명하는데, 이는 그 역사의 끝에 대해서만 언급하는 셈이 된다. 선이 역사에 남는 일은 거의 없다. 또한 역사학자의 권위와 이해관계가 역사적 사실을 마음대로 날조하고 왜곡하는 일도 허다하다. 최악의 역사가는 판단을 내리는 역사가다. 오직 사실을 보여주고 스스로 판단하게 하라.

역사를 가르칠 때 흔히 사람들은 역사 속에 등장하는 위대한 인물로 아이를 바꾸어놓으려 한다. 이는 부작용을 초래할 수 있다. 왜냐하면 그 과정에서 아이는 자기 자신을 돌아보고 기가 꺾여 자기가 자신 이외에 아무것도 아니라는 서글픔을 느끼게 되기 때문이다. 이러한 비교를 통해 그가 다른 사람이 되고 싶어 하는 일이 한 번이라도 생기면, 그 교육은 실패한 것이다. 자기 자신에게 관심이 없어지기 시작하면 그는 머지않아서 완전히 자기를 잊어버리고 말 것이다.

인간을 잘 관찰하기 위해 필요한 것은 무엇일까? 그것은 인간을 아는 데 관심을 갖는 것, 인간을 판단하는 데 최대한 공정함을 기하는 것, 인간의 온갖 정념을 이해할 수 있을 만큼 풍부한 감성을 가지되 정작 본인은 그러한 정념을 느끼지 않을 정도로 평온한 마음을 갖는 것이다. 이 시기가 그것이 가능한 적기다. 세상 평판은 아직 아이에게 전혀 영향을 미치지 못하고, 아이가 그 결과만 어렴풋이 느끼는 정념이 아직 그의 마음을 동요시키지 않기 때문이다.

12 잘못의 가능성을 알려주되
저지른 후라면 나무라지 마라

교사가 할 수 있는 최고 배려는 아이가 마음대로 행동하게
내버려두고, 그가 당할 모든 위험과 모욕을 함께 나누는 일
이다. 현자 노릇을 하며 아이를 깎아내리고 그를 어린애 취
급하려 들며, 아이에게 지시하는 모든 것에서 항상 자기가
더 뛰어나고 싶어 하는 교사의 엉터리 위엄을 경계해야 한
다. 아이가 교사와 동등한 사람이 될 수 있게 하려면 아이를
언제나 교사와 동등하게 취급하라. 아이가 아직 교사의 수
준에 오를 수 없다면 교사가 과감히 아이 수준으로 내려가
야 한다.

아이가 자신도 다른 사람과 동일한 약점을 가질 수 있음
을 알게 하려면 그것을 체험할 기회를 주어야 한다. 교사는
아이가 저지르는 모든 잘못을 필요에 따라 잡아당기는 끈
으로 활용해야 한다. 여기서 중요한 것은 아이가 너무 큰 위

험에 빠지지 않게 하면서도, 어디서나 아이가 경험에서 교훈을 얻을 수 있게 주도면밀하게 상황을 조정하는 것이다.

잘못을 저지르기 전에 먼저 아이에게 그런 잘못의 가능성을 알려주라. 그렇지만 잘못을 저질렀을 때는 결코 나무라지 말라. 이는 아이의 자존심을 들쑤셔 반발을 일으킬 뿐이다. 그럴 줄 알고 있었다는 교훈 투의 말로 반항심을 갖게 하는 것도 도움이 되지 않는다. 아이가 미리 주었던 경고를 생각해내게 하는 최선의 방법은 선생이 그것을 잊어버린 척하는 것이다. 당신의 말을 믿지 않았던 것을 후회하는 듯하면 좋은 말로 부드럽게 아이의 수치심을 씻어주도록 하라. 당신이 자신의 기를 완전히 꺾어버리는 대신 위로하는 것을 보면서 아이는 틀림없이 당신에게 더욱 애정을 갖게 될 것이다. 반면 이미 상심하고 있는 아이에게 비난을 덧붙인다면 그는 당신을 미워하며 다시는 당신의 말을 듣지 않으리라 결심할 것이다. 당신이 주는 충고의 중요성을 인정하지 않겠다는 뜻이다. 이는 선생이 저지르기 쉬운 잘못이다. 당신은 아이를 위해 열심히 충고와 조언을 한다고 생각하지만, 자존심이 상한 아이는 당신을 위선자 내지 권위적인 사람이라고 생각할 뿐이다.

13 아이가 배움을 좋아하게 만드는 것이
가장 좋은 교육이다

아이의 정신이 완전히 수동적인 상태에서 당신이 하는 말을 고스란히 받아들이기만 하고, 당신의 말을 이해하기 위해 아무것도 할 필요가 없다면 아이는 배움이 즐거울 수 없다. 선생의 자존심을 아이의 자존심보다 앞세우지 말라. 아이가 마음속으로 자신이 스스로 생각하고 스스로 통찰하고 스스로 행동하고 스스로 배운다고 생각할 수 있게 만들어야 한다.

선생은 언제나 아이를 이해시켜야 하지만 모든 것을 다 말하려고 해서는 안 된다. 모든 것을 다 말하려는 것은 아무 말도 하지 않은 것과 같은 결과를 가져온다. 아이가 결국에는 더 이상 그의 말을 듣지 않게 되기 때문이다. 말로 모든 것을 가르치려 하지 말고, 아이가 정도에서 벗어나게 되는 상황을 에둘러 제시하여 스스로 그것을 피하게 해주어야 한다.

아이가 아직은 감각을 통해 인지할 수 있는 사물을 크게 넘어설 수 없다는 사실을 항상 기억하라. 아이는 추상적인 철학적 관념이나 완전히 논리적인 개념들과는 오랫동안 거의 아무런 연관도 맺지 못한다. 신체 활동이 매우 활발한 아이를 순전히 사변적인 공부에만 매달리게 한 뒤, 아무런 경험도 없이 단번에 세상으로 내보내는 것은 자연만이 아니라 이성에도 어긋나는 일이다.

우리는 아이를 사회에 맞춰 교육한다고 주장하면서 실제로는 마치 우리 모두가 독방에서 혼자 생각하고 세상과 무관하게 공허한 문제들이나 논하며 일생을 보내게 될 것처럼 교육시킨다.

14 사람이 선해지는 확실한 방법은
     선을 행하는 것이다

아이가 자신의 능력으로 할 수 있는 선행은 모두 해볼 수 있
게 하라. 거기서 아이가 순수한 즐거움을 느낄 수만 있다면
그는 평생 평화의 정신을 간직할 수 있다.

　나와 직접 관련된 사람들에게만 관여하는 이기심을 넘
어 다른 존재들에게로 애정을 펼칠 수만 있다면 우리는 그
것을 미덕으로 고양시킬 수 있다. 그리고 인간의 마음에는
모두 이러한 미덕의 뿌리가 있다. 우리가 마음을 쓰는 대상
이 우리 자신과 직접적인 관련이 적으면 적을수록, 개인적
이해관계에서 생겨나는 헛된 환상을 염려할 필요가 적어진
다. 이를 더 일반화하면 우리는 좀 더 공정해질 수 있다. 인
류애란 정의를 사랑하는 것과 다른 것이 아니다. 나와 직접
관련이 적어야만 나의 선행은 정의감과 더욱 연결될 수 있
다. 다른 사람의 행복을 위해 마음을 쓰면 쓸수록, 그 사람

은 더욱 풍부한 식견을 갖게 되고 더욱 현명해질 것이다.

동정심이 변질되어 나약함이 되는 것을 막기 위해서는, 동정심을 더욱 일반화하여 인류 전체로 확대해야 한다. 인간은 동정심이 정의에 부합하는 경우에만 동정심을 가질 수 있다. 모든 덕목들 가운데서도 정의감이야말로 인간들의 공익에 가장 크게 기여하기 때문이다. 이성과 관련해서든 자기애의 측면에서 보든 동정심을 가져야 할 대상은 자기 옆에 있는 사람들보다는 인류이다. 인간은 인류의 일부이지 어떤 한 개인에게만 소속된 것이 아니라는 사실을 명심해야 한다.

15 이성이 혼자서
위대한 일을 한 적은 없다

일단 반성적 사유를 시작하게 된 오성은 이후로 결코 사유를 멈추지 않는다. 사회의 소용돌이 속에 놓여 있다 하더라도, 정념이나 사람들의 평판에 끌려 다니지 않고 자신의 눈으로 사물을 보고 자신의 마음으로 사물을 느낀다면 충분하다. 또 자기 이성의 권위 이외에는 어떠한 권위의 지배도 받지 않을 수만 있다면 충분하다.

우리 시대의 잘못 중 하나는 마치 인간이 정신만으로 이루어진 것처럼 지나치게 이성에만 의존하는 것이다. 말이 주는 인상은 언제나 미약하다. 우리는 귀보다는 눈을 통해서 사람의 마음에 훨씬 잘 파고들 수 있다. 이성 혼자서는 조금도 활동적이지 않다. 이성은 가끔 행동을 제지하기는 하지만 행동을 부추기는 경우는 거의 없다. 이성이 혼자서 위대한 일을 한 적은 없다.

따라서 이 시기의 아이와 무미건조하게 이치를 따지는 일은 삼가는 것이 좋다. 그에게 이성理性을 인지시키려면 이성에 살을 붙여서, 반드시 마음을 거쳐 정신의 언어를 이해할 수 있게 하라. 냉정한 논증은 견해를 결정지을 수는 있지만 행동을 결정하지는 못하며, 우리를 믿게 할 수는 있지만 행동하게 만들지는 못한다.

16 인간이 최고선인 신을 생각해낸 건
양심을 가졌기 때문이다

인간은 인식하기 전에 느낀다. 선을 사랑하고 악을 미워하는 감정 또한 자기애만큼이나 우리에게 자연적이다. 선악을 판단하는 이 생득적인 원리가 양심이다. 배우지 않아도 자신에게 좋은 것은 원하고 나쁜 것은 피하는 것과 마찬가지로, 양심 또한 인간에게 자연적이다.

양심을 활동하게 만드는 것은 판단이 아니라 감정이다. 우리가 갖는 모든 관념은 외부에서 우리에게 오는 것들이지만 그 관념들을 평가하는 감정은 우리 내부에 있다. 우리는 사물들과 우리 사이에 존재하는 적합성과 부적합성에 따라 그것을 추구하거나 기피한다. 그것을 아는 것은 오로지 감정을 통해서다. 인간에게서 존재한다는 것은 느끼는 것이다. 우리의 감성은 의심할 여지없이 지성에 선행하며 우리는 관념에 앞서 감정을 갖는다.

인간의 본성이 사회적이라면 인간은 오로지 인류와 관계되는 또 다른 생득적인 감정을 통해서만 사회적일 수 있다. 육체적 욕구만으로는 인간들은 가까워지기보다 분산될 것이기 때문이다. 자기 자신과 인류의 이 이중적인 관계에 의해 형성되는 도덕적 체계로부터 양심의 추진력이 생겨난다. 선한 사람은 전체와의 관계 속에서 자신에게 질서를 부여하지만, 악한 사람은 자기와 관련하여 전체에 질서를 부여하고자 한다. 즉 악한 사람은 스스로 만물의 중심이 되고, 선한 사람은 자신의 반지름을 가늠하고 스스로 원주에 자리 잡는다.

선을 아는 것이 선을 사랑하는 것은 아니다. 인간은 선에 대해 생득적인 지식을 가지고 있지 않지만 이성이 선을 알려주기만 하면 곧 양심이 선을 사랑하도록 그를 인도한다.

신의 완전성은 신이 인간에게 선을 사랑하도록 양심을, 선을 알도록 이성을, 선을 선택하도록 자유를 준 것으로 증명된다. 선을 사랑하는 원리인 양심은 도덕의 최고 원리이며 이것을 인격화한 개념이 신인 것이다. 인간이 최고선인 신을 생각해낸 것은 인간에게 양심이 있기 때문이다.

17 인간은 양심의 가책을 느낄 때
  자유롭다

환상은 우리의 불행을 가려주기는커녕 도리어 아무 가치도
없는 것에 가치를 부여하고, 환상이 없으면 느끼지 못했을
수많은 거짓된 결핍감을 느끼게 하여 불행을 가중시킨다.
영혼의 평화는 영혼을 어지럽힐 수 있는 것을 모두 무시하
는 데 있다. 생명을 지나치게 소중히 여기는 사람은 인생을
전혀 향유할 줄 모르는 사람이며, 행복을 지나치게 열렬히
추구하는 사람은 언제나 가장 불행한 사람이다.

　인간의 본성을 성찰해보면 두 가지 원리를 발견할 수 있
다. 첫 번째 원리는 영원한 진리에 대한 탐구, 정의와 정신
적 아름다움에 대한 사랑, 그것을 관조하며 기쁨을 느끼는
현자의 세계로 인간을 고양시키는 것이다. 두 번째 원리는
인간을 비천하게 끌어내려 감각의 지배를 받도록 굴복시키
고 정념의 노예로 만드는 것이다. 정념은 첫 번째 원리에서

생겨나는 고양된 감정이 인간을 숭고하게 고취시키는 것을 방해한다. 모든 인간은 이 상반되는 두 가지 원리에 끌려 다니며 갈등을 겪고 그것을 성찰한다. 인간은 단일한 존재가 아니다. 인간은 원하면서도 원하지 않고, 노예이면서 동시에 자유롭다고 느낀다. 선을 알고 그것을 사랑하면서도 악을 행하기도 한다. 이성에 귀를 기울일 때는 능동적이 되고 정념에 끌려다닐 때는 수동적이 된다. 인간이 정념에 굴복할 때 가장 괴로워하는 것은 그것에 저항할 수도 있었다는 회한 때문이다.

인간에게는 육체가 있어서 그 육체가 다른 물체들에 작용을 가하며 다른 물체들이 육체에 작용을 가하기도 한다. 이러한 상호작용은 의심할 여지가 없다. 그러나 인간의 의지는 감각에 예속된 것이 아니어서, 언제든지 동의하거나 저항할 수 있고 또 굴복하거나 극복할 수 있다. 인간은 자신이 원했던 것을 할 때와 정념에 굴복하고 있을 때 그렇게 하고 있는 자신을 온전히 느낀다. 의욕은 언제나 있을 수 있지만 그것을 실천하는 힘은 항상 있는 것이 아니다.

정념의 유혹에 넘어갈 경우 인간은 외부 대상들이 부추기는 충동에 따라서만 움직인다. 그러나 그렇게 굴복하는 자신의 나약함을 자책할 때는 오로지 자기 의지의 소리만을 듣는다. 따라서 인간은 자신의 악덕 때문에 노예가 되고, 양심의 가책 때문에 자유로워진다는 결론이 나온다. 자기 안에서 자유롭다는 감정이 사라지는 것은 오로지 그가 타락하여 마침내 영혼의 목소리가 육체의 법칙에 항의하는 것을 막을 때뿐이다. 인간이 능동적이고 자유롭다는 것은 그가 자신의 의지에 따라 스스로 행동한다는 것을 의미한다.

인간은 진실이라고 판단했기 때문에 선을 선택한다. 인간의 의지를 결정하는 원인은 그의 판단이다. 그리고 그 판단을 결정하는 원인은 인간의 지적인 능력이다. 자유는 나와 무관한 것이 나를 결정하지 않고, 내가 나에게 적합한 것이나 그렇다고 판단되는 것만 원한다는 바로 그 사실에 있다. 내가 마음대로 나 아닌 다른 사람이 될 수 없지만, 내가 나 자신의 주인인 것은 확고하다.

모든 행동의 원리는 존재의 자유로운 의지에 있다. 능동적 원리에서 생겨나지 않은 어떤 행동이나 결과를 가정하는 것은 원인 없는 결과를 가정하는 것이다. 그 결과 순환논법에 빠져든다. 자유가 없다면 진정한 의미의 의지도 있을 수 없다. 그러므로 인간은 행동하는 데 있어서 자유롭다.

인간의 힘은 매우 제한적이어서, 설령 인간이 자신의 자유를 남용한다 하더라도 그것이 보편적인 질서를 어지럽힐 수는 없다. 인간이 행하는 악은 자신에게로 되돌아갈 뿐 세계의 체계를 조금도 변화시키지 못한다. 설사 인류가 원치 않더라도 인류 자체가 보존되는 것을 어쩌지는 못한다.

인류가 악을 행하는 것을 신이 막지 않는다고 불평하는 것은 신이 인류에게 뛰어난 본성을 갖도록 하고 그의 행동에 도덕성을 부여하여 그의 행동을 고귀하게 만들고 미덕을 갖출 권리를 주었다고 불평하는 것과 마찬가지다.

18 최고의 즐거움은
자기 자신에게 만족하는 데 있다

인간이 불행하고 사악해지는 것은 자신의 능력을 잘못 사용하기 때문이다. 우리의 슬픔이나 근심, 괴로움은 바로 우리 자신에게서 비롯된다. 정신적인 고통은 말할 것도 없이 우리가 자초하는 것이지만, 육체적인 고통도 거기에 민감하게 만드는 우리의 악습이 아니라면 별것이 아닐 수 있다. 자연이 우리에게 욕구를 부여한 것은 우리 자신을 보존하게 하기 위해서다. 육체의 고통은 몸에 탈이 났다는 표시이고 그에 대비하라는 경고이며, 죽음은 인간이 스스로 만든 병을 치유해주는 치료약이다. 자연은 당신이 언제까지나 괴로워하지 않기를 바라는 것이다. 죽음을 예감할 때는 자신이 처해 있는 비참한 상태 때문에 자연스럽게 죽음을 원하게 될 때다. 그때부터 죽음은 더 이상 그에게 나쁜 것이 아니다.

우리는 행복을 구하기 위해 수많은 현실적인 고통을 감수한다. 그렇지만 그 행복은 환상에 불과할 경우가 많다. 만약 우리가 우리 자신인 것에 만족한다면 우리는 우리의 운명을 전혀 한탄할 필요가 없을 것이다. 약간의 고통을 견딜 줄 모르는 사람은 더 많은 고통을 각오해야 한다. 사람들은 무절제한 생활로 몸을 해치면 약을 먹고 건강을 회복하려고 든다. 그러나 이는 실상 지금 느끼고 있는 고통에 두려움의 고통을 덧붙이는 것이다. 죽음을 피하려 하면 할수록 더욱더 죽음을 예감하며 죽음에 대한 공포에 시달리게 된다.

현재를 희생하면서까지 멀리 떨어진 행복을 찾으려 하지 말라. 지금 여기서도 언제나 행복하기를 바라야 한다. 나의 상태에 만족하지 않는 것은 존재하지 않는 어떤 것을 원하는 것이고, 자신이 더 이상 인간이기를 원하지 않는 것이다. 이는 결국 무질서와 악으로 이어진다.

선한 일이 정말 좋은 일이 되려면, 그것은 우리 행위에서와 마찬가지로 마음속에서도 좋은 일이어야 한다. 정의에 대한 최고 보상은 정의를 실천하고 있다는 바로 그 느낌이다. 질서를 사랑하여 질서를 만들기 위해 행하는 것이 '선'이며, 질서를 보존하려는 것이 '정의'다. 정의로워라, 그러면 너는 행복하게 될 것이다.

모든 사람은 당연히 자신에게 이롭도록 행동한다. 그런 경우를 제외하고 자신의 마음을 들여다보고 자신의 성향이 자신을 어디로 이끄는지 살펴보라. 선한 행동과 악한 행동 중 어떤 것이 우리의 마음을 더 흐뭇하게 하며 어떤 것이 우리에게 더 즐거운 인상을 남기는가? 우정이나 인정의 감미로움은 고통 속에 있는 우리를 위로한다. 심지어 즐거울 때조차 그 즐거움을 함께 나눌 사람이 없다면 우리는 고독하고 초라할 것이다. 우리 마음에서 아름답고 선한 것에 대한 사랑을 제거한다면 인생의 모든 매력은 없어질 것이다. 자신의 영혼 속에 갇혀서 충동적이고 이기적인 정념으로 이와 같은 감미로운 감정을 억누르는 사람, 자신에게만 집중하여 마침내 자신밖에 사랑하지 않게 된 사람의 얼어붙은 마음은 더 이상 즐거움으로 설레지 못한다.

이 지상에서 자유를 부여받은 인간이 정념의 유혹에도 불구하고 양심에 비추어 스스로 자제하는 것은 자신에 대한 만족을 누릴 자격을 갖기 위해서다.

19 모든 배움에 적당한 시기와 피해야 할 위험이 있듯이 사랑도 그러하다

어른이 갓 생겨나기 시작하는 아이의 욕망에 정면으로 맞서서 그것을 죄악시하려 든다면 아이는 이후로 오랫동안 어른이 하는 말을 듣지 않으려 할 것이다. 흔히 사람들은 이 시기에 싹트는 아이의 자연적 성향을 부추기며 비위를 맞추든지, 아니면 정반대로 그것을 억누르고 억압하든지 양자택일만을 예상한다. 어느 편이든 매우 위험한 결과를 초래할 것이다. 자연의 법칙과 사회의 규칙 사이에는 너무도 많은 모순들이 있다. 그것들을 조정하기 위해서는 끊임없이 우회하고 시기를 조절하는 것이 필요하다.

제2의 인생을 시작하는 이 시기의 교육은 아이를 지도하기 위해 그동안 했던 모든 것과 반대로 이루어져야 한다. 최대한 오랫동안 조심스럽게 감추어온 관능의 비밀에 아이가 호기심을 갖는 눈치가 보이면 주저 없이 알려주라. 그것을 알아야만 하는 때가 오면 그가 남몰래 숨어서 혼자 배우게 하지 말고 당신을 통해 명명백백하게 알게 해주는 것이 좋다.

당장의 쾌락이 의미 없음을 느끼고 관능의 충동을 스스로 자제할 수 있게 하려면 미리 미지의 상대와 사랑에 빠져보게 하는 것이 좋다. 자신이 어떤 사람을 사랑하게 될지 상상해봄으로써, 아이는 가상의 연인이 가지고 있을 자질들을 소중하고 기분 좋은 것으로 여길 수 있다. 또한 자신의 감정이 추구해야 할 것과 피해야 할 것을 분별할 수 있다. 그를 강하게 사로잡는 눈앞의 대상들보다 자신이 꿈꾸는 이상적인 연인의 환상을 더 좋아하게 만들 수만 있다면 그것으로 충분하다.

사랑이란 환상이고 허구이며 착각이다. 사람은 자기 스스로 만드는 이미지를 그것이 적용되는 실제 대상보다 더 사랑하기 마련이다. 만약 자신이 사랑하는 대상을 정확히 있는 그대로 본다면, 이 지상에서 사랑은 존재하지 않을 것이다. 사랑이 끝나면 사랑했던 사람이 예전과 다름없는데도 같은 사람으로 보이지 않는 것이 그 증거다. 환상의 베일이 벗겨지면 사랑은 사라진다. 상상의 연인을 제공하라. 마음껏 현실의 대상과 그것을 비교해보게 하라. 이를 통해 현실의 대상에게 갖는 막연한 환상을 방지할 수 있다.

그렇다고 현실적으로 존재할 수 없는 완벽한 모델을 젊은이에게 그려주어 그를 속여서는 안 된다. 그에게 그려주는 이미지가 그의 마음에 든다면 그는 곧 그에 부합하는 실제 인물을 원하게 될 것이다. 그 정도가 되면 별다른 위험 없이 그를 관능으로부터 지켜줄 수 있다. 훌륭한 모델을 마음에 품고 있다면 실제로 그것이 현실에 있기라도 한 것처럼, 그는 그 모델과 닮은 모든 것에 애착을 느끼고 그렇지 않은 것에 반감을 가질 것이다.

20 행복한 것이 행복한 것처럼 보이는 것보다 백배는 더 쉽다

사람들이 세상 평판을 두려워하는 것은 남들에게 웃음거리가 되는 것을 염려하기 때문이다. 사람은 틀에 박힌 고정관념 때문이 아니라면 결코 웃음거리가 되지 않는다. 사치와 고상한 체하는 겉모습에서 생겨나는 예절이나 유행, 관습은 삶을 매우 따분하고 단조롭게 만든다. 다른 사람들의 눈에 보이기 위한 즐거움은 모두에게 소용이 없다. 남들에게나 자기에게나 이미 즐거움이 되지 못하기 때문이다. 자신의 상황이나 즐거움을 다양하게 변화시킬 줄 아는 사람은 어제가 남긴 인상에 연연하지 않고 그것을 즉시 지워버린다. 그는 매 순간 무슨 일에서나 온전한 자기 자신으로 존재한다. 그렇기 때문에 매 상황을 있는 그대로 받아들이고 다른 상황에 신경 쓰지 않으며, 하루하루를 어제나 내일과는 독립된 날로 받아들인다.

세상의 평판, 즉 남의 시선에서 벗어나면 우리는 즐거울 수 있다. 세상의 평판이라는 편견이 모든 것을 힘겹게 만들고 행복을 쫓아버린다. 행복한 것이 행복한 것처럼 보이는 것보다 백배는 더 쉽다. 세상의 평판에 따른 행복만 자기 마음에서 제거한다면, 그리고 재능과 솜씨를 연마하여 취향을 갖고 그것을 통해 아름다움과 윤리의 가치를 알 수 있다면 부는 그다지 필요하지 않다.

기쁨이란 독점하는 순간 사라지며, 독점적 소유는 모든 것을 오염시키는 법이다. 그 때문에 부자는 어디서나 주인이 되고 그로부터 즐거움을 얻는다고 생각하지만, 즐거움을 독점하려 하기 때문에 어디서도 주인이 되지 못하고 진정으로 즐거움을 느낄 수 없다. 기쁨은 언제나 다른 사람과 함께 나눌수록 더 순수하게 맛볼 수 있다. 진정한 기쁨은 다른 사람들과 함께 나누는 기쁨이다.

제5권

20세에서 25세까지

이 시기에는 이성 교육과 시민교육이 필요하다. 청년기의 마지막 단계에 이른 이 시기에 성인 남성이 독신으로 남아 있는 것은 바람직하지 못하다. 앞서 루소는 이 시기의 청년이 때 이른 타락에 빠지지 않도록 미지의 연인을 미리 상상하게 해볼 것을 권유했다. 에밀에게 그 연인은 소피다. 루소는 실제로 에밀과 소피를 만나게 하면서 부부가 되어 가정을 이루는 일이 갖는 의미와 가치를 일깨워준다. 또한 시민으로서 자신의 역할과 의무, 권리를 고민하고 이해하는 것 또한 이 시기에 매우 중요하다.

《에밀》에서 제5권은 현대의 독자가 가장 불편을 느낄 수 있는 부분이다. 여성의 지위와 가정의 풍속이 시대적, 지역적으로 오늘날과 큰 차이가 있기 때문이다. 특히 여성을 바라보는 관점은 독자에 따라 상당한 반감을 불러일으킬 수 있다. 그렇지만 18세기 당시 프랑스 귀족 사회의 문란한 성 풍속도와 왜곡된 가정의 형태를 고려할 때, 루소가 사랑과 신뢰를 바탕으로 한 가정의 확립을 주창한 것은 당시로서는 상당히 혁신적인 사고였다고 말할 수 있다.

01 남녀는 공통점이 있기에 평등하고 차이가 있기에 우열이 없다

에밀에게 적합한 배우자를 찾기 전에 먼저 남녀의 성에 대한 이해가 필요하다. 남녀를 비교하기 어려운 것은 남녀의 체질에서 성의 차이에 의한 것과 그렇지 않은 것을 분간해 내기가 어렵기 때문이다. 우리가 확실히 알 수 있는 것은 둘 사이의 모든 공통점은 종에 속하고 모든 차이는 성에 속한다는 사실이다. 이 두 가지 관점에서 보았을 때 남녀 사이에는 너무나 많은 유사점과 차이점들이 발견된다. 이는 정신적인 것에도 영향을 미친다. 남녀의 공통점에서 둘은 평등하고 차이점에서 둘은 서로 우열을 비교할 수 없다. 성과 관계없는 모든 점에서 여성은 남성과 동일하여 똑같은 신체 기관과 욕구와 능력을 갖고 있지만, 성과 관련되는 모든 점에서 남녀는 유사하면서도 다르다.

성의 결과만 놓고 말하자면 남녀 사이에는 어떠한 유사

성도 없다. 수컷은 어떤 순간에만 수컷이지만 암컷은 살아 있는 내내, 아니 적어도 젊은 시절 내내 암컷이다. 모든 것이 그녀를 끊임없이 자신의 성으로 되돌아오게 만들고, 그 기능들을 잘 수행할 수 있도록 그에 적합한 체질이 요구되기 때문이다. 임신 중에는 신중함이 필요하고 해산할 무렵에는 안정이 필요하다. 또한 수유하는 동안은 집안에서 안온한 생활을 하지 않으면 안 되며, 그들을 양육하기 위해서는 인내와 부드러움과 열성, 어떤 경우에도 지치지 않는 애정이 요구된다.

또한 그녀는 아이들과 아버지를 연결하는 역할을 한다. 그녀만이 아버지로 하여금 아이들을 사랑하게 만들고 또 자기 자식에 대한 신뢰감을 그에게 불어넣어 줄 수 있다. 온 집안을 하나로 결속하고 유지하기 위해 얼마나 많은 애정과 배려가 요구되는가! 이 모든 것들은 여성이 훈련을 통해 습득해야 할 미덕이 아니라 취향이 되어야 한다. 그렇지 않으면 인류는 곧 소멸될 것이다.

02 사람의 마음을 움직이는 것은 사람 그 자체뿐이다

우리가 겉에 차려입은 것은 결코 우리 자신이 아니다. 지나치게 치장한 나머지 오히려 보기 흉해지기도 하는데, 여성을 돋보이게 하는 것은 오히려 가장 수수한 옷일 때가 많다. 아름다움은 그 자체로 빛날 때 진정한 힘을 발휘한다. 유행을 추종하는 것은 나쁜 취향이다. 몸치장을 단지 그 사람 자체의 아름다움을 보완하는 것으로만 여긴다면, 또한 남들의 마음에 들기 위해 치장의 도움이 필요하다는 무언의 자백으로 여긴다면, 몸치장은 자랑스러워할 것이 아니라 오히려 부끄러워할 것이 된다.

치장이 필요한 용모가 있기는 하지만 호화로운 장식을 반드시 필요로 하는 용모는 없다. 값비싼 장식은 신분의 과시이지 그 사람 자체의 자랑은 아니며, 그 또한 오직 편견의 소산일 뿐이다. 진짜 멋은 때로 꾸며진 것이기는 해도 결코

225

야단스럽지 않다. 가장 화려한 치장이 필요한 경우는 대부분 자신이 못났음을 인정하는 표시가 된다. 이보다 더 서투른 허영도 없을 것이다.

사랑받기 위해서는 사랑할 줄 알아야 하고, 행복해지기 위해서는 남에게 친절을 베풀 줄 알아야 하며, 명예를 얻으려면 자신의 명예를 지킬 줄 알아야 한다. 사람의 마음으로 들어가야 하는 것은 모두 마음에서 나오기 마련이다.

03 행복한 결혼을 원한다면
   편견과 제도를 잊고 자연에 자문하라

미개 상태에서 자연스러운 것과 사회 상태에서 자연스러운 것을 혼동해서는 안 된다. 미개 상태에서는 남성과 여성이 아직 원시적이고 공통된 존재 형식만을 가지고 있어서 모든 여성과 모든 남성이 서로 맞게 되어 있었다. 그러나 사회 상태에서는 각자의 성격이 사회제도를 통해 계발되고, 각자의 정신도 교육으로 인해 또한 천성과 교육의 질서정연한 협력으로 인해 고유의 정해진 형태를 부여받는다. 그렇기 때문에 모든 면에서 서로가 잘 맞는지 알기 위해서는 직접 만나서 교제하는 것이 필요하다.

  문제는 사회 상태에서는 성격이 형성되고 계발되면서 신분이 구별된다는 점이다. 이 두 차원은 전혀 다른 것인데도 신분이 구별되면 될수록 성격을 더욱 혼동하게 된다. 이로부터 어울리지 않은 결혼이 생겨나고 거기서 온갖 혼란

이 빚어진다. 평등에서 멀어지면 멀어질수록 자연의 감정 또한 점점 더 심하게 변질된다. 신분이 높은 사람과 낮은 사람의 간격이 커질수록 부부의 유대는 약해진다. 또한 부자와 가난한 사람이 많아질수록 아버지와 남편은 적어진다. 주인이든 노예든 더 이상 가족을 갖지 못하고 어느 쪽이나 다 자기 신분만 바라보게 되기 때문이다.

그 폐단을 예방하고 행복한 결혼을 하고 싶다면 편견을 버리고 사회제도를 잊어라. 그리고 자연에 자문을 구하라. 주어진 조건 아래에서만 서로 맞아서 그 조건이 바뀌면 더 이상 맞지 않을 남녀의 결합은 바람직하지 않다. 어떤 상황에 있든 어떤 나라에 살든 어떤 신분으로 떨어지게 되든 서로 잘 맞을 수 있는 남녀를 결합시켜야 한다.

결혼에서 관습적인 관계는 중요하지 않다는 말이 아니다. 자연적인 관계가 미치는 영향이 관습적인 관계의 영향을 훨씬 능가하기 때문에, 일생의 운명을 결정짓는 것은 자연적인 관계의 영향이어야 한다는 것이다. 훌륭히 결합된 부부는 어떤 불행이 닥친다 하더라도, 마음의 불화로 오염된 사교계의 온갖 상황들 속에서 가질 수 있는 행복 이상의 참된 행복을 함께 웃고 울면서 누릴 것이라고 확신한다.

04 용기가 없으면 행복도 없고, 자신과 싸우지 않고는 미덕도 없다

행복은 모든 감각적인 존재의 목적이다. 그것은 자연이 우리에게 새겨놓은 첫 번째 욕망이고, 결코 우리를 떠나지 않는 유일한 욕망이다. 하지만 행복은 어디에 있는가? 누구나 행복을 찾고자 하지만 아무도 찾아내지 못한다. 사람들은 행복을 뒤쫓는 데 일생을 보내고도 결코 행복에 도달하지 못한 채 죽게 된다.

행복에 대한 열망이 간절하면서도 행복을 찾기 위해 아무것도 하지 않는 것보다는, 설령 잘못 생각했더라도 행복을 뒤쫓는 편이 낫다. 그러나 행복을 알아볼 수 있는 위치에서 벗어나고 나면, 다시는 거기로 되돌아가는 방법을 알 수 없다. 행복이 어디에 있는지도 모르면서 행복을 추구하는 것은 행복과는 거리가 먼 위험에 노출되고 그 위험을 무릅쓰는 일이다. 따라서 행복에서 너무 멀리 벗어나 그것을 더 이상 알아볼 수조차 없는 처지에 놓이지 않도록, 무엇을 해야 할지 모르는 동안은 아무것도 하지 않고 가만히 있는 것이 차라리 현명할 때가 있다. 이것은 모든 원칙들 중에서 인간에게 가장 필요한 것인데도 인간이 가장 따를 줄 모르는 원칙이다. 인생에서 청년기가 바로 그런 현명함이 절실할 때다.

특히 이 시기에는 새로운 적이 등장하기 때문이다. 아직 그 적을 이겨내는 법을 배우지 못했고 누군가 다른 사람이 나서서 구해줄 수도 없는 새로운 적은 바로 자기 자신이다. 자신의 욕망을 절제하고 다스릴 수 없다면, 다시 말해 무절제한 정념에 굴복해버린다면, 남은 생애 동안 결핍과 상실과 불안에 시달리며 인생을 누리지 못하게 될 것이다. 용기가 없으면 행복도 없고, 싸우지 않고는 미덕도 없다. 미덕이라는 단어의 어원은 힘이다. 힘이 모든 미덕의 토대다. 미덕은 나약한 본성을 타고났지만 의지가 강한 존재만이 가질 수 있는 것이다. 인간의 가치가 바로 여기에 있다. 신에 대해 절대적으로 선하다고 말할 수는 있지만, 신은 선을 위해 노력할 필요가 없으므로 유덕有德하다고는 말하지 않는다. 미덕을 실천하기 위해 아무런 희생을 치를 필요가 없는 시기에는 미덕의 관념을 알 필요가 별로 없다. 정념이 일깨워지고, 의지를 실천하기 위해 정념을 절제해야 할 때 미덕의 관념이 생겨난다.

자기애에 충실하고 선한 사람은 선한 데서 오는 기쁨을 얻는 동안에만 선하다. 정념의 타격을 받으면 그 선함이 없어져 버린다. 반면에 유덕한 사람은 자기애를 극복할 줄 아는 사람이다. 왜냐하면 그는 미덕을 실천할 때 자기의 이성과 양심에 따라 인간의 의무를 행함으로써 스스로 이성의 질서 속에 자리하고, 그 무엇도 그를 꺾고 거기서 벗어나게 할 수 없기 때문이다. 자유로워는 방법은 자기 자신의 주인이 되는 법을 배우는 것이다. 자신의 마음을 지배하는 것이 미덕을 갖추는 첫걸음이다.

05 정념은 내가 주인일 때는 좋은 것이지만 굴복할 때는 나쁜 것이 된다

자연은 우리가 능력을 벗어나는 것에 애착하는 것을 금하고, 이성은 우리가 얻을 수 없는 것을 원하지 못하게 하며, 양심은 우리가 유혹당하더라도 그것에 지도록 내버려두는 것을 금한다. 정념을 갖거나 갖지 않는 것은 우리 소관이 아니지만, 정념을 지배하는 것은 우리에게 달려 있다. 우리가 지배하는 감정들은 모두 정당하며, 우리를 지배하는 감정들은 죄가 된다. 한 남자가 남의 아내를 사랑하더라도 그가 이 불행한 정념을 의무의 법칙에 묶어둔다면 그것은 죄가 되지 않는다. 하지만 자신의 아내라 하더라도 그 사랑을 위해 모든 것을 희생시키는 정도가 되면 그것은 죄가 된다.

자만심에서 비롯된 착각이 우리의 가장 큰 고통의 원천이다. 현자는 인간의 비참함을 주시함으로써 언제나 절제하는 사람이다. 현자는 제자리를 지키고 거기서 벗어나려

동요하는 법이 없으며 자신이 지킬 수 없는 것을 누리기 위해 헛되이 힘을 사용하지 않는다. 그는 자신이 가진 것들을 제대로 소유하기 위해 노력함으로써, 또 우리보다 원하는 바가 적기 때문에, 실제로는 우리보다 더 강하고 부유하다.

행복하고 현명하게 살기를 원한다면 욕망을 여건에 맞게 제한하고, 의무를 열정보다 앞세우라. 필연의 법칙을 물질적인 것을 넘어 도덕적인 것들에까지 확장시키고, 빼앗길 수 있는 것은 흔쾌히 버리는 법을 배우라. 양심과 미덕이 버리라고 명할 때는 모든 것을 버릴 수 있어야 한다.

우연히 발생하는 일들에 초연하게 대처하는 법을, 그런 일들로 고통받지 않고 체념하는 법을, 결코 비참해지지 않도록 역경 속에서도 용기를 내는 법을, 또한 죄를 짓는 일이 없도록 의무를 굳건히 지키는 법을 배우라. 그러면 운명이 어떠하든 행복할 것이고, 정념에도 불구하고 현명해질 것이다. 덧없는 재물을 소유할 때조차 그 무엇도 흔들어놓을 수 없는 즐거움을 발견하게 될 것이다. 그 재물이 당신을 소유하는 것이 아니라 당신이 그것들을 소유하게 될 것이다. 소유한 모든 것은 손에서 빠져나가는 법이다. 오직 언제든 내가 버릴 줄 아는 것만 향유할 수 있음을 깨달을 것이다.

인생은 무상하다. 인생에서 모든 것에는 끝이 있고 모든 것은 일시적이어서, 설령 행복한 상태가 지속된다 하더라도 그 즐거움이 습관이 되어 우리에게서 그 맛을 앗아버릴 것이다. 환경이 바뀌지 않더라도 사람의 마음이 변한다. 행복이 우리를 버리지 않아도 우리가 행복을 버린다. 그러니 인생의 허망을 깨우친 자는 죽음을 시작이라고 생각할 것이다. 죽음의 인식은 사악한 사람에게는 삶의 끝이고 올바른 사람에게는 삶의 시작이다.

06 세상이라는 책에서
배워라

너무 많은 책들은 세상이라는 책을 무시하게 만든다. 사람은 자신이 책에서 읽은 것을 알고 있다고 여겨 더 이상 그것을 배울 필요가 없다고 생각하게 된다. 그래서 과다한 독서는 주제넘은 무지렁이들을 만들어낼 뿐이다. 많은 책들은 세상이라는 책을 무시하게 만들고, 설령 세상이라는 책을 아직은 읽는다 하더라도 각자 자신의 세상에만 매달리게 만든다.

세상의 지식을 얻는 방법은 두 가지다. 책을 통해 세상을 배우는 것과 직접 여행하면서 세상을 관찰하는 것이다. 진실에 이르기 위해 저자의 편견과 우리 자신의 편견을 동시에 돌파하는 것은 무리한 일이다. 여행기들을 읽어보면 두 개의 여행기가 동일한 민족에 대해 동일한 관념을 제시하는 것을 본 적이 없다. 모든 종류의 관찰에서 더 효율적인 것은 글로 읽는 것보다 눈으로 직접 보는 것이다.

　그러나 관찰을 잘하기 위해서는 안목이 있어야 하고, 자신이 알고 싶어 하는 대상을 향해 눈을 돌릴 수 있어야 한다. 그렇지 않을 경우 여행을 통해서 직접 배우는 것이 책을 통해 배우는 것만 못한 경우도 있다. 생각하는 방법을 모르는 사람은 여행을 하면서 혼자 힘으로 보는 방법을 모르므로 책을 통해 저자의 안내라도 받는 것이 낫기 때문이다. 또 알고 싶은 생각마저 없어서 아무것도 배우지 못하는 사람도 있다. 눈여겨볼 마음도 없었던 것을 정확히 보게 된다면 그것은 굉장히 큰 우연이다. 프랑스인들은 여행을 가장 많이 하지만 대개 자신의 관습에 사로잡혀 있어서 자신들의 관습과 비슷하지 않은 것에 대해 잘못 생각하기 쉽다.

　여행에서 얻는 배움은 여행의 목적과 결부된다. 목적이 철학적인 체계를 이루는 것이라면 여행자는 자신이 보고자 하는 것밖에 보지 못할 것이다. 목적이 이윤일 때는 사업에만 몰두하여 사람을 관찰하지 못할 것이다.

　여행은 잘못된 가르침을 들어도 현혹되지 않고 악덕의 예를 보아도 끌려들지 않을 만큼 자기 자신에 대해 확고한 사람에게만 적합하다. 아직 제대로 교육받지 못하고 제대

236

로 인성이 형성되지 못한 젊은이는 여행 중에 만난 국민의 온갖 악덕에 물들기는 쉽지만 그 악덕에 뒤섞여 있는 미덕은 배우지 못하는 경우가 많다. 하지만 타고난 인성이 잘 가꾸어진 사람, 그리고 배우겠다는 참된 목적으로 여행을 하는 사람은 언제나 떠날 때보다 더 나은 모습으로, 더 현명해진 상태로 돌아온다.

이성에 의해 행해지는 모든 일에는 규칙이 있어야 한다. 교육의 일부로 여겨지는 여행 또한 규칙이 있어야 한다. 여행을 위한 여행은 방황이고 방랑이다. 무엇이든 배울 것이라 생각하며 여행하는 것 또한 너무나 막연하다. 확고한 목표가 없는 배움은 아무것도 아니다. 우선 젊은이에게 배움에 대한 뚜렷한 관심을 심어줘라. 올바르게 선택된 관심이 배움의 성격을 더욱 분명하게 만들어줄 것이다.

07 이 시기에는 국가와 국민,
법과 주권에 대해 토론하라

청년기에는 사회의 기초가 되는 법을 이해하고 주권을 의
식할 수 있어야 한다. 시민의 의무와 권리에 대해 구체적인
주제를 정하여 토론을 해보는 것도 좋다. 이제부터는 사회
라는 구체적이면서도 고도로 관념적인 공동체에 대해 이해
할 수 있어야 한다. 인간들이 맺고 있는 사회적 관계에서 세
가지 의지를 구분할 수 있다. 첫째는 자신의 개별이익만을
지향하는 개인의 고유한 의지다. 둘째는 오로지 군주의 이
익에 일치되는 행정관들의 공통의지다. 단체의지라고 부를
수 있는 이 의지는 정부에 대해서는 일반적이고 정부가 속
해 있는 국가에 대해서는 개별적이다. 셋째는 국민의지 또
는 주권자의 의지다. 이는 전체 국가의 일부인 정부에 대해
서나 전체인 국가에 대해서 똑같이 보편적이다.

　입법이 완벽하려면 개인의 개별의지는 거의 무시되어야

하고, 정부에 고유한 단체의지는 매우 종속적이어야 한다. 그렇다면 주권자의 일반의지가 모든 다른 의지의 기준이 될 것이다. 하지만 실제로는 이 세 가지 의지는 자연의 질서에 따라 개인에게 집중되면서 더 활동적이 된다. 따라서 언제나 일반의지가 가장 약하게 반영되고 단체의지가 두 번째, 개별의지가 모든 것에 우선한다. 각 개인은 맨 먼저 자기 자신을, 그다음에는 관료를, 마지막에야 시민을 고려한다. 이는 사회적 관계에 의한 사회 질서가 요구하는 것과 정반대 순서다. 사회 공동체 내에서 개인이 사회 전체와 맺는 이러한 관계를 정확히 이해할 수 있어야 한다.

주권의 본질은 일반의지에 있다. 개별의지가 항상 일반의지와 일치하리라고 확신할 수 없다. 오히려 개별의지는 일반의지와 자주 대립할 것이라고 추정해야 한다. 개인의 사적인 이익은 특혜를, 공공의 이익은 평등을 지향하기 때문이다. 또한 일반의지와 개별의지가 일치할 때조차 그 일치는 필연적이지 않고 파기될 수도 있다. 이런 이유만으로도 개별의지로부터 주권이 생겨날 수는 없다.

국민이 구성원 가운데 한 명 또는 일부 소수를 특별하게 배려한다면 그 순간부터 국민은 분열된다. 전체와 부분을 별개의 두 존재로 만드는 모종의 관계가 형성되어, 부분이 그 부분을 뺀 나머지 전체와 대립하기 때문이다. 그러나 한 부분을 뺀 전체는 전체가 아니므로, 이 관계가 지속되는 한 더 이상 전체는 있을 수 없고 이질적인 두 개의 부분만 존재하게 된다.

반대로 국민 전체가 국민 전체를 상대로 결정을 내린다면 국민은 오직 국민 자체만을 고려하게 된다. 설령 어떤 관계가 생겨난다 하더라도 그 관계는 어떤 한 관점에서 본 전체 대상과 또 다른 관점에서 본 전체 대상 사이의 관계여서 전체는 전혀 분할되지 않는다. 그리하여 결정의 대상도 보편적이고 결정을 내리는 의지 또한 보편적이 된다.

이렇게 사회 구성을 관념적으로 이해할 수 있게 되면 법과 권력, 주권 그리고 그것의 구체적 적용에 대해 토론을 해 보라. 보편의지 외에 법이라 이름 붙일 수 있는 어떤 다른 종류의 행위가 가능할까? 주권자가 법에 의해서만 말할 수 있고, 법이 국가의 모든 구성원에게 동등하게 적용되는 보편적 대상만 가질 수 있다면, 주권자는 어떤 개별 대상에 대해서도 결정을 내릴 권한을 갖지 못할 것이다. 그럼에도 불구하고 국가의 보존을 위해 또 개별 사항들에 대해 결정을 내려야 할 경우, 그것은 어떻게 행해질 수 있을까?

이러한 토론을 통해 다음과 같은 결론을 도출할 수 있다. 주권자의 행위는 일반의지의 행위, 즉 법이다. 다음으로 법의 집행을 위해 결정을 내리는 행위가 필요한데 그것이 곧 강제 행위 또는 통치 행위다. 이 행위들은 개별적인 대상에게만 행사될 수 있다. 이로부터 주권자가 우두머리를 선출하라고 결정하는 행위는 법이지만, 그 법을 집행해서 우두머리를 선출하는 행위는 통치 행위에 불과하다는 결론이 나온다. 이러한 토론이 국가와 국민, 주권과 법에 대해 구체적이고 적극적인 인식을 심어줄 수 있다.

08 자연과 법의 사슬 이외에
다른 어떤 사슬도 덧붙이지 말라

20세에 이른 에밀은 스승인 루소에게 다음과 같이 말한다.

"인간의 제도 안에서 인간이 해온 일을 보면 볼수록 인간
이 무리하게 독립을 원한 나머지 결국 노예로 전락하고, 자
유를 확보하려다가 그 자유마저도 헛된 노력으로 소진시킨
다는 것을 분명히 알게 됩니다. 자연과 법이 내게 지운 사슬
이외에는 다른 어떤 사슬도 자발적으로 덧붙이지 않겠습니
다. 자유롭기 위해서는 아무것도 인위적으로 할 필요가 없
는 것 같습니다. 자유를 포기하지만 않으면 됩니다. 필연을
따라야만 자유로워진다는 것을 깨달았습니다.

지배와 자유는 양립할 수 없는 두 용어이기 때문에 노예
의 주인이기를 포기하지 않고서는 초가집의 주인조차 될
수 없습니다. 자연에 종속될 때에만 인간에 의한 종속에서
벗어날 수 있습니다. 필연의 사슬만 알고 받아들이겠으며

필연의 사슬을 짊어지는 법을 배우고 죽을 때까지 그것을 짊어지겠습니다.

부유하고 독립적인 동안은 사는 데 필요한 재산이 있으니 살아갈 것이지만, 재산이 나를 속박한다면 그것을 내버릴 것입니다. 일을 할 수 있는 팔이 있으니 살아갈 것이고, 만약 팔이 없어진다면 누군가의 부양을 받고 살아갈 테지요. 그러다가 버림받으면 죽게 되겠지요. 버림받지 않더라도 그래도 역시 죽을 것입니다. 죽음은 가난의 형벌이 아니라 자연의 법칙입니다. 죽음은 죽기 전까지의 제 삶을 결코 방해할 수 없을 것입니다.

인간의 제도는 신뢰를 받을 자격이 조금도 없습니다. 법의 보호 아래에서 자유를 열망하는 것은 헛된 일입니다. 도처에서 법의 이름 아래 개인의 이익과 인간의 정념만이 판치고 있습니다. 그러나 자연과 질서의 법은 영원히 존재합니다. 그 법이 현자에게서는 실정법을 대신할 것입니다. 그 법은 양심과 이성을 통해서 현자의 가슴속 깊이 새겨져 있습니다. 자유로워지기 위해 현자가 복종해야 할 법은 바로 그것입니다.

자신의 의도에 반해서 악을 행하는 악인을 제외하고 인

간은 노예일 수 없습니다. 어떤 형태의 정부에도 자유는 없습니다. 자유는 자유로운 인간의 마음속에 있으며, 자유로운 인간은 어디서나 그 자유를 지니고 있습니다."

09 인간은 사회 속에서
자신을 극복하는 법을 배운다

조국이 없는 사람이라도 어쨌든 나라는 있다. 그리고 정부나 법률 비슷한 것들도 가지기 마련이다. 만일 일반의지가 보호해주는 개인의 이익이 그를 보호해주었다면, 만약 공공의 폭력이 개인의 폭력으로부터 그를 지켜주었다면, 악행이 자행되는 것을 보고 그로 인해 선한 것을 사랑하게 되었다면, 또 만약 우리의 제도 자체가 그 제도의 불공정함을 알게 하고 그것을 증오하게 만들었다면, 설령 사회계약이 지켜지지 않았다 하더라도 상관없다. 선량한 인간이라면 누구든 나라에 빚을 지고 있다. 누구나 인간에게 가장 소중한 것, 즉 행동의 도덕성과 미덕에 대한 사랑을 나라 덕분에 갖게 되기 때문이다. 심심산골에서 태어나 그곳에서 사는 사람은 더 행복하고 자유롭게 살 수는 있겠지만, 아무것과도 싸울 필요 없이 자신의 성향을 따르기만 하는 것이므로 아무 노력 없이 선량할 것이다. 그러나 결코 유덕하지는 못할 것이다.

자신의 정념을 다스리고 유덕한 사람이 되는 것은 사회 속에서만 가능한 일이다. 사회 속에서 사람은 질서를 사랑하는 마음을 가지고 공익이 실제 동기가 되어 자기 자신과 싸우는 법, 자기를 극복하는 법, 공동 이익을 위해 자기의 이익을 희생하는 법을 배운다. 법이 아무런 소용이 없다는 것은 사실이 아니다. 악인들에게 둘러싸여 있을 때에도 그에게 정의로울 수 있는 용기를 주는 것이 법이다. 법은 적어도 자기 자신을 다스리는 방법을 알려준다.

사회에서 살아가는 인간으로서 자신의 모든 의무를 완수할 수 있는 곳에 있다는 사실은 중요하다. 따라서 그 의무들 중의 하나는 자신이 태어난 곳에 애착을 갖는 것이다. 그들 속에서 살아야 한다. 아니면 적어도 자기 능력이 닿는 대로 자기를 보호해주고 키워준 사람들에게 도움을 줄 수 있는 곳에서, 그리고 언젠가 그들이 자기를 필요로 할 때는 어디 가면 자기를 찾을 수 있는지 알 수 있는 곳에서 살아야 한다.

에밀은 아버지가 되었다. 그리고 스승인 루소에게 이렇

게 말한다.

"곧 아버지가 되는 영광을 갖게 되리라는 기대에 부풀어 있습니다. 얼마나 열성적으로 많은 수고를 들이게 될지! 또 당신이 얼마나 필요할지! 하지만 설령 선생님과 같은 훌륭한 분을 제 자식을 위해 선택할 수 있다 하더라도 저 아닌 다른 사람이 그토록 신성하고 즐거운 임무를 수행한다는 것은 당치 않습니다! 그렇지만 영원히 저희들의 스승으로 남아주세요. 살아 있는 한은 선생님을 필요로 할 것입니다. 선생님은 임무를 완수하셨습니다."

루소는 에밀이 인생의 행복과 불행을 감당할 줄 알고 인생의 풍파에 굴하지 않으며 독립적으로 삶을 추구하면서 자기 자신을 향유할 줄 아는 사람자연인, 공동체의 일원임을 자각하고 타인과 공감하며 타인과 더불어 삶을 도모할 줄 아는 사람시민이 되기를 바랐다. 이제 에밀은 자신이 교육받았던 것처럼 자신의 아이를 교육시킬 것이다. 교육은 끝나지 않는다.

루소가 《에밀》을 집필한 시기와 오늘날의 세상은 많이 다르다. 루소가 제시하는 교육의 구체적인 방법과 실례들은 이미 유효하지 않거나 실천이 불가능하기도 하다. 그렇지만 루소가 그것들을 통해 말하고 싶어 한 교육의 원리는 우리가 인간으로서 존재하는 한 언제나 유효하며, 오늘날의 교육 현실에서는 더 의미심장하다.